三字经·百家姓
千字文·弟子规

【宋】王应麟 等/著

张宜生/译注

江西人民出版社
Jiangxi People's Publishing House
全国百佳出版社

图书在版编目（CIP）数据

三字经、百家姓、千字文、弟子规 / （宋）王应麟等
著；张宜生译注. -- 南昌：江西人民出版社，2016.9

ISBN 978-7-210-08566-9

Ⅰ．①三… Ⅱ．①王… ②张… Ⅲ．①古汉语－启蒙
读物 Ⅳ．①H194.1

中国版本图书馆CIP数据核字（2016）第146710号

三字经、百家姓、千字文、弟子规

（宋）王应麟等 / 著　张宜生 / 译注

责任编辑 / 刘莉

出版发行 / 江西人民出版社

印刷 / 廊坊市华北石油华星印务有限公司

版次 / 2016年9月第1版

2016年9月第1次印刷

880毫米×1280毫米　1/32　10.25印张

字数 / 127千字

ISBN 978-7-210-08566-9

定价 / 34.80元

赣版权登字-01-2016-383

如有质量问题，请寄回印厂调换。联系电话：010-64926437

前　言

　　蒙学，原指蒙馆，也指学童启蒙的功课。传统的蒙学是指中国在两千多年的文明发展进程中，人类运用智慧对儿童进行启蒙教育的实践活动中所积累的宝贵精神财富。蒙学的教材，都是浓缩人文科学、社会科学和自然科学等多方面知识的结晶，所以现代人都尊称它们为"经典"。蒙学对中国道德教育史、思想史、文化史的发展，甚至对整个中华民族的发展都起到了十分重要的作用，也颇受日本、朝鲜、俄罗斯及其他一些西方国家的重视。

　　《三字经》《百家姓》《千字文》《弟子规》等四种被广泛认为最具有代表性、最优秀的蒙学读物。这些中国古代启蒙教育的经典教材，主要学习内容是识字背诵，培养识字书写的能力，形成良好的生活习惯，在历史上发挥了普及文化知识、加强道德教育建设的重要作用。

　　本书广泛参考、借鉴了国内新近出版的蒙学类著作，吸取众家之长，每篇蒙学经籍前都加有导读说明，便于读者了解该典籍的文化背景与主旨。内容兼有实用性和典藏性，适合国人借鉴学习。

　　书中不免有疏漏之处，敬请批评指正。

　　《三字经》是中国传统的儿童启蒙读物，自诞生后就成为中国传统蒙学的翘楚，广泛流传。数百年来，妇孺皆知、家喻户晓，影响极深。它的编纂成就和巨大影响是其他蒙学读本难以企及的。近代国学大师章太炎说："其书先举方名事类，次及经史诸子，所以启蒙稚者略备。"也就是说，《三字经》是一本内容完备，融入中华民族传统价值观念和教育理念、诸子百家之教诲，给人启发和学习的启蒙必备之读物。

　　最初的《三字经》由南宋的王应麟编纂，形式上篇幅短小，三字一句，两句一韵，读起来朗朗上口。内容上有生动有趣的历史人物故事，寓含深刻的思想道理；表达上经过千锤百炼，具有极强的感染力，更寓有潜移默化的育人功能。该书明清以来续有增补，至民国初年，国学大师章太炎做了补充修订，名为《重订三字经》。

　　这样一本读物被人们奉为经典而不断流传，一定具有其独特的文化价值和思想魅力。《三字经》的魅力在于它教育思想的发人深省，强调教育对人的重要意义，同时阐述了如何教育的原则、方法、态度以及内容。一个人先学会做人再学做事，学会做人的道德规范，懂得怎样孝顺父母，懂得怎样尊敬师长，然后再学习知识。一味追求谋生手段与知识技能的传授而缺失道德教育，无疑将会引起人人可见的不良后果。让我们从博大精深的中国传统文化中汲取丰富的营养，积极吸收与运用吧。

目　录

三字经

人之初[1]，性[2]本善[3]，性相近，习[4]相远。

【注释】

[1] 初：开始的意思，这里指人刚出生的时候。[2] 性：人格个性的意思，指人的本性（先天具有的素质与性情）。[3] 善：良善，善良。[4] 习：指习性，习惯。

【译文】

人生下来的时候，本性都是良善的，只是后天成长的过程与学习的环境不一样，性情也就有了好与坏的差别。

【解读】

开篇六个字从人性论展开人性特质的讨论。孟子在《公孙丑·上》里说："无恻隐之心，非人也。无羞恶之心，非人也。无辞让之心，非人也。无是非之心，非人也。"也就是说孟子认为人都有这四心，认为一个人的天性是善良的，相信每个人都知道在别人需要帮助时舍己救人，每个人都知道过马路的时候不闯红灯，每个人都知道谦虚礼让自觉行事，每个人都知道不能伤害别人的利益。之所以后天会发生变化，每个人显现出差异，是因为后天的生长环境和教育的差别。

苟[1]不教，性乃[2]迁[3]，教之道[4]，贵[5]以专。

【注释】

[1] 苟：假如，如果。[2] 乃：于是。[3] 迁：转变，变化。[4] 道：方法，道理。[5] 贵：值得看重，重视的。

3

【译文】

如果从小没有好好教育，善良的本性就会变坏。那么教育最好的办法呢，就是要使孩子专心致志地学习。

【解读】

最好的教育方法就是"贵以专"，培养学习的良好环境。社会快速发展，追逐成功的利益足以让人浮躁得不够安静，那么真的需要静下心来想想，读好书必须先打好基础。基础牢固才能在基础上作个别问题的专项研究，基础要求多能，钻研则要求专一，一专和多能也是统一的，只有多能的基础才能专一，也只有专一后才要求多能。

昔[1]孟母[2]，择邻处[3]，子[4]不学，断机杼[5]。

【注释】

[1]昔：从前、古代。[2]孟母：孟子的母亲，姓仉，贤良有德。[3]择邻处：选择好邻居再住下来。[4]子：孟子，名轲，字子舆，战国时邹国人，后世尊为"亚圣"。[5]机杼：机，织机；杼，梭子。

【译文】

战国时，孟子的母亲曾经搬过三次家，就是让孟子有个好的学习环境。孟子逃学，孟母就把织布机上的梭子拆断来教育他。

【解读】

孟子之所以能成为伟大的学者，是和孟母后天提供的良好的成长环境以及聪慧的教育方式分不开的。孟子小时候父亲就去世了，家居住在墓地旁。因为经常有人出殡办丧，小孟子在这种环境的熏陶下从小就学人家哭丧，孟母觉得这样对孩子成长不利就搬家了。把家搬到了市集，这次隔壁是个杀猪卖肉的肉铺，不久小孟子又学会了剁肉卖肉、讨价还价，孟母只好又搬家了。最后搬到了学校附近，书声朗朗，受学校的熏染，孟子的言行也变得彬彬有礼。可见一个好的学习环境、生活环境和成长环境才利于孩子的成长。

窦燕山 [1]，有义方 [2]，教五子，名俱扬 [3]。

【注释】

[1] 窦燕山：原名窦禹钧，五代后晋时期人，聘请名师在家办起私塾，后来五个儿子都考中进士。[2] 义方：很好的教育方法。[3] 扬：很有名气，声名远扬。

【译文】

五代后周时期，燕山有个叫窦禹钧的人，教导儿子很有方法。他的五个儿子都品学兼优，先后登科及第。

【解读】

窦燕山出身富裕家庭，是当地有名的富户。据说他人品不好，常以势欺人，人家借他家粮食时，他是小斗出、大斗进地昧心行事，做事不积德，到了 30 岁还没有子女。窦燕山也为此着急，一天晚上做梦，梦里说他心术不好、品德不正，如果不痛改前非，重新做人，不仅没有孩子还会短命。至此，窦燕山暗下决心痛改前非，再不做缺德事。窦燕山在家里办起了私塾，延请名师教课。没钱送孩子到私塾读书的人家，他就主动把孩子接来，免收学费。后来他的妻子连续生了五个儿子。他把全部精力都用在培养儿子身上，不仅关注知识学习，更注重品德修养。在他的精心教导下，五个儿子先后登科及第，这就是"五子登科"的故事。当时有一位叫冯道的侍郎曾赋诗："燕山窦十郎，教子有义方。灵椿一株老，丹桂五枝芳。"这里说的"丹桂五枝芳"，就是对窦燕山"五子登科"的评价和颂扬。

养[1]不教，父之过[2]，教不严[3]，师之惰[4]。

【注释】

[1] 养：抚养。[2] 过：过错。[3] 严：周密。[4] 惰：懒，懈怠。

【译文】

只是抚养子女吃穿而不好好教育，是做父母的过错；只是对学生教育，但不严格要求，就是做老师的怠慢失职了。

【解读】

汉宣帝时期，有叔侄二人——疏广和疏受，官至太傅和少傅，都是教育太子的官衔。教了五年后都称病还乡，归田养老。皇帝和皇太子赏赐他们很多钱，以谢教育之恩。回到老家后，他们只顾着与家里族人、亲朋好友、乡里贫苦人举办宴会，把钱都送给乡里贫寒人家，而不给子孙们买田地，留产业，人们就问他们为什么。他说子孙们如果自己勤奋，自然可挣钱；如果留下许多钱，只怕他们变得依赖、懒惰，失去斗志，也没什么好处。

对孩子和学生严格要求是做父母和老师的职责，严格的教育是通往成才之路的方法，严师出高徒就是这个道理。也有人说，师傅领进门，修行在个人，这句话也说明个人努力的重要性。两种说法辩证哲思，相辅相成。

子[1]不学，非[2]所宜[3]，幼[4]不学，老何为[5]。

【注释】

[1] 子：子女。[2] 非：不，不是。[3] 宜：应该，应当。[4] 幼：年纪小的时候。[5] 何为：干什么，做什么。

【译文】

孩子不好好学习，是很不应该的。小时候不好好学习，到老的时候既不掌握知识，又不懂做人的道理，能有什么作为呢？

【解读】

宋朝名将岳飞在《满江红》里说："莫等闲，白了少年头，空悲切。"少年时期，人的思维活跃，精力充沛，是追求学业到事业成功的大好时期，聪明的你一定会抓紧时间，好好学习。不要等到白发苍苍，再后悔莫及。有这么一个笑话，说："少壮不努力，老大徒伤悲。没关系，我是老二。"那就贻笑大方了，因为这里的"老大"指老了的时候，而不是指排行。笑话是当笑话，无知不可怕，可怕的是不知道这种无知。

玉不琢[1]，不成器[2]，人不学，不知义[3]。

【注释】

[1]琢：雕刻加工。[2]器：用具的总称。[3]义：道义、伦理。

【译文】

玉不经过雕刻加工，就不能成为精致的器物；人若不学习，就不能知书达礼、通理晓义。

【解读】

玉在没有雕刻加工前，只不过是块漂亮的石头。一个人的成才之路需要磨练和刻苦钻研才能成为有用的人。我们常听说，有的孩子聪明过人，被誉为神童，可是神童长大了似乎没什么过人之处。宋朝有个叫方仲永的孩子，家里世代以种田为生，长到五岁，都不曾认识笔墨纸砚。忽然有一天，他哭着喊着要这些东西。父亲虽感到惊异，还是从邻家借来。仲永当即写了四句诗，诗句以赡养父母、团结同族为内容，颇有文采、蕴含道理，值得一看。人们渐渐把他父亲当宾客一样招待，有人还花钱求仲永题诗。他父亲认为这样也不错，就不让他学习了，天天拉着他四处拜客，后来方仲永和普通人也就没什么两样了。方仲永的领悟能力是有天赋的，比一般人聪明得多，最终没落成一个平凡人，是因为他后天没有好好受教育。这样天资聪颖如此有才之人后天没有培养尚且要成为平凡人，那么，那些不是天生之才本来就平凡的人，又不接受后天教育，想成为不平凡的人恐怕很难吧！

为人子，方[1]少[2]时，亲[3]师[4]友，习礼[5]仪。

【注释】

[1]方：正在、正当。[2]少：年少。[3]亲：亲近、尊敬。[4]师：师长、老师。[5]礼：礼貌。

【译文】

为人子女的，从小就要亲近老师和朋友，以便从他们那里学习到做人处事的道理和礼仪。

【解读】

在礼仪与文化知识的传承过程中，晚辈从长辈那里耳濡目染是最容易、最有效的一种。有这么个故事：一个人不想赡养他的年迈多病的父亲了，就找来一个筐，和儿子商议着把老父亲装进筐里扔到山沟里去。送走之后，儿子背着筐回家了。父亲问他留这个筐做什么用，他说留着以后好抬你啊。故事虽然简单而夸张，但不禁让人会心一笑，很多时候，父亲和母亲绝对是孩子以身效仿的榜样。而为人父为人母的，很多时候也是以以身作则来激励自己前行的方向。

香 [1] 九 [2] 龄 [3]，能温席 [4]，孝于亲，所当执 [5]。

【注释】

[1]香：黄香，东汉湖北安陆人，博览群书，官到尚书令。[2]九：量词，表数量。[3]龄：岁数。[4]席：用草或苇子编成的成片的东西，古人用以坐、卧，现通常用来铺床或炕等。[5]执：实行。

【译文】

东汉人黄香，九岁的时候就知道孝敬父亲，冬天用自己的体温为父亲暖睡觉的席子。这是所有孝敬父母的人都应当实行和仿效的。

【解读】

黄香，字文强，曾任魏郡太守。他广读儒家经典，精研学术，被誉为"天下无双、江夏黄童"。夏天，黄香就用扇子把父亲睡的席子扇凉了；冬天，黄香就用自己的体温先温暖席子，让父亲能好好休息。常言道：百善孝为先。什么是"孝"，拆文解字，上"老"下"子"，赋予我们生命和教养的父母应当得到做子女的孝敬与孝顺。

融 [1] 四岁，能让梨，弟 [2] 于长 [3]，宜先知 [4]。

【注释】

[1]融：孔融，字文举，东汉鲁国人，建安七子之首，孔子的二十世孙。[2]弟：通"悌"，孝悌，敬爱兄长。[3]长：兄长。[4]知：晓得、明白。

【译文】

汉代人孔融四岁时，就知道让哥哥吃大的梨。这种尊敬谦让、友爱兄长的道理，是每个人应当打小就知道的。

【解读】

孔融，幼时就聪明伶俐，卓尔不凡。有一次，人家冷眼相看他，说："少时了了，大未必佳。"意思是说小时候聪明，长大了未必怎么样。孔融的回答不是与人对吵，而是以他人之矛攻他人之盾，用别人说的话有力地还击了别人："是啊，看来你小时候很聪明啊。"孔融家七兄弟，他是老六，家里吃梨的时候哥哥们都拿大的，他总是挑小的吃。家人问他原因，他说我是小弟弟，当然吃小的了。今天我们的家里都倒过来了，孩子越小，吃的梨越大，爷爷奶奶倒吃个小的了。敬爱兄长不仅是友善态度的表现，也是一个人的修养体现。一个善待别人的人，也容易受到别人的尊敬和欢迎。

首[1]孝悌，次[2]见闻[3]，知某数[4]，识某文[5]。

【注释】

[1]首：首要，首先。[2]次：其次。[3]见闻：见到和听到的事。[4]数：指数目。[5]文：指文理。这里指圣贤故事的出处。

【译文】

一个人首先要知道孝敬父母，敬爱兄长；其次是见多识广，认识数目，懂得个十百千万数的位数，知道文章的出处典故。

【解读】

中国的传统教育是首先把孝道和悌道放在首位，也就是要孝敬父母、敬爱兄长，其次是博识广闻、知数识文。《三字经》讲到这里都是讲一个人要接受教育的重要性和必要性。首先一个人要明白做人处事的伦理道德、规范先后，知道为人处世的道理，然后再学习文化知识。后文的《弟子规》就有"有余力，则学文。"一个人要先有德再有才，一个人无德却有才是件可怕的事情，那真是叫"缺德带冒烟"。

一 [1] 而 [2] 十，十而百，百而千，千而万。

【注释】

[1] 一：数之始。[2] 而：连词。与，及。

【译文】

一到十是基本数字，十个十为一百，十个百为一千，十个千为万……，一直延伸下去。

【解读】

古人认为万物之数始于一，一生二，二生三，三生万物，采用十进制计算方法。中国启蒙教育也重视数学的教育，注重自然方面的知识基础，就像今天的小学就要学会四则运算一样。因为只有基础牢固，才会有延伸下去的发展，做人和做事也一样。

三才 [1] 者，天地人，三光 [2] 者，日月星。

【注释】

[1] 三才：指天、地、人。[2] 三光：指日光、月光、星光。

【译文】

气清者上浮为天，重浊者下凝为地，人类是其中最高等的生物，所以天、地、人称为"三才"。白昼的太阳、黑夜的月亮、闪耀的群星，是地球上的光线来源，称为"三光"。

【解读】

世界如此之大，自然界的事情如此奇妙又相得益彰，需要我们不断学习。只有认识自然、摸清规律并从中得到启示，才能更好地认识世界，与世界和谐相处。

　　三纲[1]者，君[2]臣义[3]，父子亲[4]，夫妇顺[5]。

【注释】

　　[1]纲：纲目主体、法则要点。[2]君：国家的元首。[3]义：法度。[4]亲：父子天性。[5]顺：和顺和睦。

【译文】

　　人与人之间相处要遵守的三个行为准则：君王与臣子的言行要合乎义理，父母与子女相亲相爱，夫妻之间应和顺相处。

【解读】

　　古人对于做人处事的行为准则很有纲领和规范，讲述不同身份的人如何与他人相处。就现在而言，学会如何与人和谐相处，与他人建立和谐良好的关系，依旧是现代人需要学习的课程和学问。或许这节文字给了我们一些启示。也许你在家是父亲，在外是他人的朋友或同事，与老板又是上下级的关系；也许你是一名学生，但也是家庭成员，更是社会的一个公民。人人从我做起，社会才能和谐安定。

　　曰[1]春夏，曰秋冬，此四时[2]，运[3]不穷[4]。

【注释】

　　[1]曰：句首语气词，这里是叫做，称做的意思。[2]四时：指一年的春、夏、秋、冬四季。[3]运：运转，运行。[4]穷：穷尽，完了。

12

【译文】

春、夏、秋、冬叫做四季，这四个季节不断变化，春去夏来，秋去冬来，依此循环反复，交替运行，永不停止。

【解读】

春、夏、秋、冬之所以有温度、气候的四季变化，是随着地球与太阳的自转与公转的轨道变化而变化。当太阳直射南回归线，北半球白天最短、黑夜最长，就是冬至了；当太阳直射北回归线时，北半球的白天最长、黑夜最短，就到夏至了。

曰南北，曰西东，此四方 [1]，应 [2] 乎中 [3]。

【注释】

[1] 四方：指东、南、西、北四个方位。[2] 应：对应、相应。[3] 中：东西南北四个方位的聚合点为中，也指中间、中央。

【译文】

东、南、西、北，叫做"四方"，是指各个方向的位置。这四个方位，需要有个中央位置作基准对应，才能把各个方位确定出来。

【解读】

我国古代的四大发明之一的指南针，使得定位变得简单。现在有了GPS全球定位系统，人们可以享受科技进步带来的简捷和便利。只要确定要去的方向、要去的目的地，它就能根据我们的所在位置确定前进的路程。这让人不禁想到在我们的生活中，我们需要怎样的定位呢？如果在我们的职业生涯中，我们能确定职业目标，在明确了目标方向后朝着标竿直跑，一定能到达目的的。

曰水火，木金土，此五行 [1]，本 [2] 乎数 [3]。

【注释】

[1] 五行：古人认为世界是由水、火、木、金、土这五种元素构成万物。[2] 本：根本，根源。[3] 数：是术数的简称，以阴阳五行相生相克、相生相化的道理推测人事吉凶，叫做术数，也叫数命、数理、命理等。

【译文】

说到"五行"，就是指金、木、水、火、土。这是五种常见的东西，中国古代用来指代各种事物对应的抽象概念，这五行组合变化而产生各种事物。

【解读】

五行学说的主要内容就是生克平稳。五行相生：金生水，水生木，木生火，火生土，土生金。五行相克：金克木，木克土，土克水，水克火，火克金。日常生活中，一般说买"东西"而不说买"南北"，这是因为根据五行学说中，"金木水火土"又对应"东西南北中"，所以"东西"对应"金""木"，没有人拿着篮子去买水和火吧？古人对于五行相生相克的理论富有智慧与哲理，认为万物之间此长彼消存在联系，各种衍生平衡关系存在一定的相互作用，或许对我们今天也有新启示。

十干 [1] 者，甲至癸，十二支 [2]，子至亥。

【注释】

[1] 干：又称天干，古代用以记年、月、日的单位。[2] 支：又称地支，古代用以计时的单位。一支相当于 2 小时。

【译文】

"十干"指的是"甲、乙、丙、丁、戊、己、庚、辛、壬、癸"，又叫做"天干"；"十二支"指是"子、丑、寅、卯、辰、巳、午、未、申、酉、戌、亥"，又叫做"地支"。是古代用来记时的符号。

【解读】

我国农历纪年采用甲子纪年法，由十天干和十二地支相配来计算年份，共六十组，周而复始循环使用。例如：2010 年为庚寅年，"庚"为天干，"寅"为地支。

推算方法：

1. 按年份的年尾推算天干。根据 4= 甲、5= 乙、6= 丙、7= 丁、8= 戊、9= 己、0= 庚、1= 辛、2= 壬、3= 癸来推算。（例如：2010 年的年尾为"0"，故 2010 年的天干为"庚"。）

2. 按年份的生肖推算地支。根据子鼠、丑牛、寅虎、卯兔、辰龙、巳蛇、午马、未羊、申猴、酉鸡、戌狗、亥猪来推算。（例如：2010 年为虎年，故 2010 年的地支为"寅"。）

曰黄道，日所躔 [1]，曰赤道，当中权 [2]。

【注释】

[1] 躔（chán）：天体的运行。[2] 中权：位于中央的要地。

【译文】

所谓黄道，即地球轨道面与天球的相交线，太阳每年在恒星之间的视轨迹。所谓赤道，是天球赤道、地球赤道面和天球相交而形成的大圆。

【解读】

地球在不断自转同时还要绕着太阳公转，太阳又绕着银河系在转，而银河系只是宇宙的一部分。那样复杂的一个宇宙系统，却给地球带来了合适的生存环境。科学家也表示惊叹，任何一个天体的变化都有可能给地球带来不可生存的毁灭，而事实上，地球上一年四季交换，适合万物生长，这其中天地之大、宇宙之浩瀚与奇妙实在是难以想象。

赤道下，温暖极 [1]，我中华 [2]，在东北 [3]。

【注释】

[1] 极：极致，最高的意思。[2] 中华：指我们国家。[3] 东北：指地球东北边。

【译文】

在赤道地区，温度最高，气候炎热。从赤道向南北两个方向，气温逐渐降低。我们国家地处地球的东北边。

【解读】

我们国家所处的位置在整个地球的东北边。由于面积辽阔，东北至黑龙江省，往南至海南省，跨越寒带、温带、热带，三个温度带都有。因为跨越地区之大、温度差异、所适合种植的农作物的差异，所以人们在生活习惯和饮食习惯上有所差异。比如，在我国，就习惯以吃米和吃面来区分一个人是南方人还是北方人。

寒燠 [1] 均，霜露改。右高原，左大海。

【注释】

[1] 燠（yù）：热。

【译文】

我国气候冷暖匀称而有霜露。右边为高原，左边是大海。

【解读】

我国地处寒、温、热三带，主要部分在温带，冷暖均匀，冬霜夏露会随着季节变换。右边是高原，左边是大海，是对我国地形的描述。

曰江河[1]，曰淮济[2]，此四渎[3]，水之纪[4]。

【注释】

[1]江河：长江、黄河。[2]淮济：淮河、济水。[3]渎（dú）：水沟，小渠，亦泛指河川。古代对中国"长江""黄河""淮河""济水"的合称。[4]纪：有条理。

【译文】

中国是个幅员辽阔的国家，有长江、黄河、淮河和济水，这四条大河是中国河流的代表。

【解读】

长江，中国第一大河，发源于青藏高原唐古拉山的主峰各拉丹冬雪山。黄河，中国第二长河，中华民族的文明摇篮，五千年文化的发源地，又被称为中华母亲河。人们充分运用这一水利资源为人类造福，比如在长江建立三峡水电站解决供电问题。黄河是含沙量最多的河流，有时因上游的流沙太多甚至出现断流。人们越发重视环保的重要性，建立了黄河母亲水窖以解决供水问题，也呼吁和号召更多的人投入到节水环保活动当中来。

曰岱[1]华[2]，嵩[3]恒[4]衡，此五岳[5]，山之名。

【注释】

[1]岱：东岳岱山，现名泰山，在山东。[2]华：西岳华山，古名太华山，在陕西。[3]嵩：中岳嵩山，古名嵩高山，在河南。[4]恒：北岳恒山，古名大茂山，在河北。[5]衡：南岳衡山，古名霍山，在湖南。

【译文】

中国五大名山，东岳泰山、西岳华山、中岳嵩山、南岳衡山、北岳恒山，称为"五岳"，这五座山是中国名山之代表。

【解读】

中国的五岳是名山之代表，其实还有一处名山，就是黄山。提到黄山，自古有"五岳归来不看山，黄山归来不看岳"的说法，因黄山兼有泰山之雄伟、华山之峻峭、衡山之烟云，等等。随着国家制定的法定假期的颁布和执行，越来越多的人愿意出行游山玩水，既修养身心，又增加见闻，也带动旅游事业的发展。

曰士[1]农，曰工商[2]，此四民，国之良[3]。

【注释】

[1]士：知识分子。旧时指读书人。[2]工商：工人和商人。[3]良：良好的，优秀的。

【译文】

知识分子、农民、工人和商人，是国家不可缺少的栋梁，称为"四民"，这是社会重要的组成部分。

【解读】

随着社会的发展和市场需求，技术分工的细化和专业知识的要求，已经衍生出很多种职业。分工越来越细，相对的职业技能也越来越多。俗话说："三百六十行，行行出状元。"不论从事什么职业，只要对社会有贡献，都是值得肯定的。每个职业能做好，都能出人才。

地所生，有草木^[1]。此植物，遍^[2]水陆^[3]。

【注释】

[1] 草木：花草树木。[2] 遍：到处都有。[3] 水陆：水里和陆地。

【译文】

地球上除了人类，还有花草树木。这些都是植物，在陆地上和水里到处都有。

【解读】

地球上的物种繁多，陆生水长，各有其用。无论是神农尝百草，李时珍的《本草纲目》，还是鲁班发明的锯齿，人们总能从这些物种当中得到所需和智慧启示。自然总是丰富多彩，奇妙非常，有的物种可能还没有被发现就已经灭绝了。所以，人们日益意识到环保的必要性，开始实行城市经济以低碳经济为发展模式及方向，越发重视与地球和谐相处的重要性，因为人类只有一个地球。

有虫鱼，有鸟兽，此^[1]动物，能飞^[2]走^[3]。

【注释】

[1] 此：这些。[2] 飞：飞翔、翱翔。[3] 走：爬行。

【译文】

虫、鱼、鸟、兽属于动物，这些动物有的能在天空中飞翔，有的能在陆地上爬行，有的能在水里游动。

【解读】

大自然赋予不同的生物不同的生存本领，各显其能。人类也从这些动物那里得到启发创造更多的新事物，即仿生学，如人们根据蝙蝠的定位机制发明了雷达，而蝙蝠的回声定位的精确性和抗干扰能力对于人们研究提高雷达的灵敏度和抗干扰能力，又具有重要的参考价值。

稻[1]粱[2]菽[3]，麦黍[4]稷[5]，此六谷，人所食。

【注释】

[1]稻：粮食作物，连皮叫稻，去皮叫米。[2]粱：即谷子，去皮后叫小米。[3]菽（shū）：大豆，泛指豆类。[4]黍：去皮后称黄米，比小米稍大。[5]稷：指粟或黍属。

【译文】

中国古代耕种的粮食作物，主要有稻谷、小米、大豆、小麦、黄米、高粱，这六种都是人类生存之粮食。

【解读】

人们常说，五谷杂粮，五谷丰登，为什么这里讲到了六谷？有说法认为稷指代高粱；有认为指代黍，那么合为五种；也有说以稷为百谷之长，因此帝王奉祀为谷神，所谓江山社稷。稷的形态记载解释不同，这里可泛指粮食作物。

马牛羊，鸡犬[1]豕[2]，此六畜[3]，人所饲[4]。

【注释】

[1]犬：狗。[2]豕：猪。[3]畜：禽兽，多指家养的家畜。[4]饲：喂养。

【译文】

马、牛、羊、鸡、狗和猪，这六种动物是家畜。这些动物和六谷一样本来都是野生的，后来被人们渐渐驯化后，成为人类饲养的动物。

【解读】

人类之所以和这六畜关系密切，一是六畜服务于人，像马可以负重道远、牛能耕田运货、羊有跪乳之恩、鸡有报晓之功、犬有守夜之劳、猪有庖厨之用。二是六畜还有很多优点是值得我们学习的，如马的刚健进取、牛的忍辱负重、犬的忠勇诚信，等等。

曰喜[1]怒[2]，曰哀[3]惧[4]，爱恶[5]欲[6]，七情具。

【注释】

[1]喜：高兴。[2]怒：生气。[3]哀：悲伤。[4]惧：恐惧，害怕。[5]恶：憎恨。[6]欲：欲望，念头。

【译文】

人类具有七种情绪：高兴、生气、悲伤、恐惧、喜爱、憎恶以及欲望。

【解读】

心理学家也在研究人类这七种情绪的表情图片的认知调查，那么在表达不同情绪的时候，虽然不同文化、不同种族、不同地区的人的表达方式也许不同，但基本大同小异。所以在与人交往的过程当中，也要适时注意别人的情绪，学会在合适的时候做合适的事情。

曰仁[1]义[2]，礼[3]智[4]信[5]，此五常，不容紊[6]。

【注释】

[1]仁：爱心。[2]义：公正言行。[3]礼：人类交往礼节。[4]智：才智。[5]信：诚实，信用。[6]紊：紊乱、纷乱。

【译文】

中国传统文化的良好品德提倡仁爱、正义、礼仪、智谋和诚实，这五项道德标准是依序而来，不容混乱的。

【解读】

对于培养一个人的道德品质，古人是有讲究的，也是心思缜密的。只有建立在"仁、义、礼"基础上的"智、信"的品德，才可以算得上良好的品质。一个讲究仁义、礼节，又充满智慧和讲诚信的人，自然受人们欢迎。相反，一个没有礼义、没有仁爱、没有正义感的人，却又是说到做到的聪明的小偷大盗，是件可怕的事情。

青[1]赤[2]黄，及黑白，此五色，目[3]所识[4]。

【注释】

[1]青：蓝色。[2]赤：红色。[3]目：眼睛。[4]识：看到、辨别。

【译文】

蓝色、黄色、红色、黑色和白色，这是组成色彩的五种颜色，是人们的肉眼能够识别的。

【解读】

这里讲的红、黄、青是美术颜料的三原色，也是消减型的三原色。原色是指不能透过其他颜色的混合调配而得出的"基本色"。以不同比例将原色混合，可以产生出其他的新颜色。那么光的三原色是指红、绿、蓝，这是叠加型的三原色。

酸苦甘[1]，及辛[2]咸，此五味，口所含[3]。

【注释】

[1]甘：甜。[2]辛：辣。[3]含：包括。

【译文】

平时我们所吃的食物中，用嘴巴能分辨出来的有酸、甜、苦、辣和咸这五种味道。

【解读】

嘴巴之所以能分辨出酸、甜、苦、辣、咸，是由于人的舌头上有许多叫味蕾的粒状组织。感受甜味的味蕾在舌尖比较多；感受酸味的味蕾在舌的两侧后半部分比较多；感受苦味的味蕾集中在舌头根部；感受咸味的味蕾在舌尖和舌头两侧的前半部分。

膻[1]焦香，及腥朽[2]，此五臭[3]，鼻所嗅[4]。

【注释】

[1]膻（shān）：羊身上发出的气味。[2]朽：物质腐烂后发出的气味。[3]臭：通"嗅"，指气味。[4]嗅：用鼻子闻。

【译文】

我们的鼻子可以闻出东西的气味主要有五种，即羊膻味、烧焦味、香味、鱼腥味和腐朽味。

【解读】

《三字经》介绍到这里，就已经把人类的情绪、感知觉、视觉、味觉、嗅觉都介绍了，相当于简约版的普通心理学。人类还拥有听觉，可分辨声音的来源远近，触觉则可区分冷暖各种刺激。所以，我们可以聆听一场音乐会，可以感受一幅油画的纹理质感。

宫商角，及徵[1]羽。此五音，耳所取。

【注释】

[1] 徵（zhǐ）：五音之一。

【译文】

宫商角徵羽这五种音阶，均可用耳朵听到。

【解读】

我国古代，将宫、商、角、徵、羽称为"五音"。

匏[1]土[2]革[3]，木石金[4]，丝[5]与竹，乃八音。

【注释】

[1] 匏（páo）：匏瓜，类似葫芦，古代用作乐器。[2] 土：粘土，陶土，可做成埙，有六孔，古代一种陶制的乐器。[3] 革：皮革，这里指鼓类的革制乐器。[4] 金：金属制乐器，如铜锣、铜鼓等。[5] 丝：指琴、瑟、琵琶等丝弦类乐器。

24

【译文】

　　把乐器按照制造的材料分为八种，即匏类（笙等）、粘土类（埙等）、皮革类（鼓等）、木类（祝等）、石类（磬等）、金属类（铜锣等）、丝弦类（琴瑟等）和竹类（笛子等），称为"八音"。

【解读】

　　现代人也日趋注重音乐教育，甚至运用音乐进行胎教，开展心理治疗活动等，可见音乐的魅力和功效。日本心理学家铃木镇一研究通过拉小提琴去开发和提高孩子的能力，他抱着"每个孩子的能力成长，都有一种培养方法"的信念，培养出了大批的"天才"儿童，并著有《早期教育与能力培养》一书。

　　曰平上，曰去入 [1]，此四声，宜调 [2] 协。

【注释】

　　[1] 平上、去入：发音的四种声调，现代汉语由阴平、阳平、上声、去声构成。[2] 调：声音和谐。

【译文】

　　汉语中的声调分为平、上、去、入四声，四声的运用必须和谐，听起来才能使人舒畅。

【解读】

　　随着中国在世界的交流越来越多，越来越多的外国人也开始学习中国话，掌握阴、平、上、去的变化也是最基本功的要求。中国也在越来越多的国家开设孔子学院，让更多的人学会说优美动听的中国话。

高曾祖 [1]，父而身 [2]，身而子 [3]，子而孙。

【注释】

[1]高曾祖：高祖父、曾祖父、祖父。[2]身：自己，本人。[3]子：儿子。

【译文】

高祖父生曾祖父，曾祖父生祖父，祖父生父亲，父亲生我，我再生儿子，儿子再生孙子。

【解读】

一代接一代，世脉相承，人类的繁衍、生命的延续永无止境。我们每个人都担负着承上启下的责任和义务。

自子孙，至玄曾，乃九 [1] 族，人之伦 [2]。

【注释】

[1]九：九族由自己往上推四代，再由自己往下推四代，连自己共为九代。[2]伦：序，指尊卑秩序。

【译文】

从自己的儿子、孙子再接下去，就是曾孙和玄孙。从高祖父到玄孙共九世，称为"九族"。这"九族"代表着人的长幼尊卑秩序和家族血统的继承关系。

【解读】

九族之间的关系不仅是血脉的继承关系，更是体现血浓于水的亲情。每个人都要认识到自己作为一名家庭成员而应该担当的责任和义务，家庭才能和睦。

父子恩 [1]，夫妇从 [2]，兄则友 [3]，弟则恭 [4]。

【注释】

[1]恩：有情义。[2]从：夫对妇顺，妇对夫从。[3]友：友爱。[4]恭：恭敬。

【译文】

父亲与儿子之间要注重相互的恩情，夫妻之间的感情要和顺，哥哥对弟弟要友爱，弟弟对哥哥则要尊敬。

【解读】

美国总统奥巴马在写给子女的信中说，他年轻的时候认为生活就是如何成功立业。直到他的孩子出生，他才发现她们的好奇、淘气和微笑总能照亮他的世界。他开始觉得自己的伟大计划不那么重要，重要的是他想让她们俩和这个国家的每个孩子都能够拥有追求幸福和实现自我的机会，这就是他竞选总统的原因。家庭是爱的港湾，也是支持人前进的原动力。

长幼序 [1]，友与朋 [2]，君则敬 [3]，臣则忠 [4]。

【注释】

[1]长幼序：指年长者和年幼者要有秩序。[2]友与朋：朋友。[3]敬：尊重。[4]忠：忠心，忠诚。

【译文】

年幼者和年长者交往要注意一定的次序；朋友之间，相处应该以诚相待，有福同享、有难同当；君王要能尊重他的臣子，臣子们对君王也要忠诚。

【解读】

中国历来被称为礼义之邦，从古到今都十分重视礼义。无论是"孔融让梨"还是"桃园三结义"，都是诠释礼义的最好注脚，道德礼义是一个永恒的话题。

此十义，人所同[1]，当顺叙，勿违背[2]。

【注释】

[1]人所同：十义是人伦中的十条准则，应当遵守执行。[2]背：背离、疏忽。

【译文】

上面提到的父慈、子孝、夫和、妻顺、兄爱、弟恭、朋信、友义、君敬、臣忠，这十义是人人都应遵守的道德标准，不能违背。

【解读】

社会是纷繁复杂的人际关系组成的大机构，每人都有着各种亲属关系和社会关系。这里提到的"十义"是处理各种关系的准则，时至今日这些准则仍然具有参考价值。

斩齐衰，大小功。至缌[1]麻，五服终。

【注释】

[1]缌：细麻布。

【译文】

斩衰、齐衰、大功、小功和缌麻，这是中国古代亲族中不同的人死去时穿的五种孝服。

28

【解读】

亲人去世时候，按照亲近程度的不同，服丧者分别穿着斩衰、齐衰、大功、小功和缌麻五种丧服进行不同程度的哀悼。

礼乐射，御[1]书数，古六艺[2]，今不具[3]。

【注释】

[1] 御：驾驶车马。[2] 六艺：指礼、乐、射、御、书、数六种才能技艺。[3] 具：齐全。

【译文】

礼节、音乐、射箭、驾车、书法和算术是古人必须学习的六种才能技艺，这六种技艺到现在已经没人能同时具备了。

【解读】

时代的发展，社会的进步，教育模式的变化，今天的人不可能再去完全地学习这六艺。但有一点是可以肯定的，无论古今都重视培养人的全面素质。

惟书学[1]，人共遵，既识字，讲说文[2]。

【注释】

[1] 书学：研究文字的学问。[2] 说文：指东汉许慎著的《说文解字》。

【译文】

在六艺中，现在只有文字学大家还是推崇的。当一个人识字之后，就可以去学习《说文解字》，对于提升学问是有帮助的。

【解读】

语文、数学、外语这三门学科已经成为基础学科，也是深入研究其他学科的工具课。如果一个思想家不能用语言表达思想，一个数学家不能用逻辑表达内容，一个语言学家完全不懂得另一种语言的精妙，那就是"悲剧"了。

有古文 [1]，大小篆，隶草继，不可乱 [2]。

【注释】

[1] 古文、篆（zhuàn）、隶、草：中国文字历史演变当中出现的文字形体样式。[2] 乱：搞混淆。

【译文】

我国的文字历史发展经历了古象形文字、大篆、小篆、隶书、草书这样的演变过程，这一定要记清楚，不能混淆。

【解读】

今天通行的是隶、楷、行、草这四种字体样式，如今也有越来越多的人开始学写毛笔字。学习写毛笔字，不仅可以锻炼身正、笔正、心正，而且可以了解字的起源和意义，在学习的过程中发掘其中的奥妙与智慧。

若 [1] 广学，惧其繁 [2]，但略说 [3]，能知源。

【注释】

[1] 若：如果，假如。[2] 繁：繁杂。[3] 略说：大概掌握。

【译文】

如果你想广泛地学习，知识的海洋实在浩瀚繁杂，不是件容易的事，但如能做到大致了解、大体研究，还是能晓得许多基本道理的。

【解读】

在信息更新飞快的时代，掌握所有的信息是不可能的，也是不现实的。我们要掌握的是如何学习和搜索信息的技巧与能力，也就是掌握如何学习的方法更重要。对于纷繁复杂的信息，能够理清思路、提纲挈领地抓住问题本质，才能掌握问题的根本所在。

凡训[1]蒙[2]，须讲[3]究[4]，详训诂[5]，明句读[6]。

【注释】

[1]训：训诫，教诲。[2]蒙：如草之初生，比喻幼稚的小孩。[3]讲：讲解。[4]究：考究。[5]诂（gǔ）：用通行的话解释。[6]句读（dòu）：古文中没有标点符号，文中停顿的地方，语气已经完的叫"句"，没有完的叫"读"。

【译文】

凡是教导刚入学孩子的老师，必须把每个字都讲清楚，每句话都解释明白，并且让学生读书时知道怎么断句。

【解读】

关于断句的学问有很多典故，如一位卖豆芽的人家里的对联："长长长长长长长 长长长长长长长"。乍一看，字都一样，这要怎么读呢？当然是他希望豆芽长（zhǎng）得长（cháng）一点，所以上联读作：cháng zhǎng cháng zhǎng cháng cháng zhǎng，下联读作：zhǎng cháng zhǎng cháng zhǎng zhǎng cháng。发音正确，词意清楚，正确划分句子，才能领会字里行间表达的意思。

为学者，必有初，小学[1]终，至四书[2]。

【注释】

[1]小学：指南宋朱熹编写学习六艺等基础知识的《小学》。[2]四书：《论语》《孟子》《大学》《中庸》合称为"四书"。

【译文】

为学必有初始阶段，要打好基础，学完《小学》，再学习"四书"。

【解读】

任何一个专家学者，他的学问都是点滴积累下来的。夯实基础、循序渐进、由浅入深，才能掌握更深入的知识。做学问是这样，做人也是这样，"莫以善小而不为"。

论语[1]者，二十篇，群弟子，记善言[2]。

【注释】

[1]论语：论是议论，语是答语，《论语》是辑录孔子与弟子言行、思想的一本书。[2]善言：孔子和弟子们的高论。

【译文】

《论语》是四书之首，共二十篇，是孔子的弟子和再传弟子记载有关孔子及其弟子言论的一本书。

【解读】

孔子，字仲尼，我国古代伟大的思想家和教育家，也是儒家思想的代表人物。《论语》是儒家传教的集大成，包涵儒家思想的精髓，核心内容是如何"做人"及"做人"的道理。更有智者呼吁"21世纪人类要生存，就必须汲取两千年前孔子的智慧"。

孟子^[1] 者，七篇止，讲道德，说仁义 ^[2]。

【注释】

[1] 孟子：姓孟名轲，字子舆，这里指《孟子》这本书。[2] 仁义：孟子认为人具有恻隐、羞耻、憎恶等天性。

【译文】

孟轲所作《孟子》，全书共分七篇。内容是宣讲品行修养、发扬仁义思想等优良品德的言论。

【解读】

孟子也是我国古代的思想家、教育家，有"亚圣"之称，与孔子合称为"孔孟"。前文提到过"孟母三迁"的故事，孟子的成功与孟母的悉心教导是分不开的。这里讲述孟子的著作及思想。

作中庸^[1]，乃孔伋 ^[2]，中不偏 ^[3]，庸 ^[4] 不易 ^[5]。

【注释】

[1] 中庸：书名，儒家重要经典。[2] 孔伋（jí）：孔子的孙子，字子思。[3] 偏：偏差。[4] 庸：平常。[5] 易：改变。

【译文】

《中庸》这本书是孔伋所作，"中"是不偏不倚的意思，"庸"是平和不变的意思。

【解读】

《中庸》是一本关于人生哲学的书，对于中国人的人生观有极大影响。《中庸》主张个人的修养平和适度，不要太过，也不要不及，要力求和谐，社会就能由此安定。

作大学[1]，乃曾子，自修[2]齐，至平治[3]。

【注释】

[1] 大学："四书"之一，孔子学生曾参著，共十章。[2] 修：修身、齐家。[3] 平治：指治国、平天下。

【译文】

《大学》这本书是曾参所作，主张修身、齐家，方能治国、平天下。

【解读】

《大学》中强调品德修养，指出首先要修养个人的品性德行，管好自己的家庭，才可能治理好国家，最终达到平天下。正所谓"一屋不扫何以扫天下"。

四书熟，孝经[1]通[2]，如六经[3]，始[4]可读。

【注释】

[1] 孝经：孔子所作，以明孝道之书，共十八章。[2] 通：贯通。[3] 六经：指《诗经》《尚书》《周礼》《易经》《乐经》《春秋》。[4] 始：才。

【译文】

"四书"熟悉通晓，《孝经》融会贯通，那么就可以学习儒家的"六经"了。

【解读】

读书从浅显易懂的开始，奠定求学求知、为人处世的基础，再进一步研习更深奥的知识。

诗书易，礼春秋，号^[1]六经，当^[2]讲求。

【注释】

[1] 号：号称。[2] 当：应当。

【译文】

《诗》《书》《易》《礼》《春秋》，再加上《乐经》称"六经"，应当讲习探求。

【解读】

也有《三字经》版本此句为："诗书易，礼春秋，乐经亡，余可求。"此处选用通行版。

有连山^[1]，有归藏^[2]，有周易^[3]，三易详^[4]。

【注释】

[1] 连山：书名，相传为伏羲氏作，又称《连山易》。[2] 归藏：书名，相传为黄帝作，又称《归藏易》。[3] 周易：书名，周文王、周公、孔子作。[4] 详：详尽，知道。

【译文】

《连山易》《归藏易》《周易》，这三部书合称"三易"，也叫"易经"，用"卦"的形式来解释宇宙间人事万物变化的道理。

【解读】

《易经》虽是我国古人占卜用书，但它阐述了像阴阳消长、物极必反的道理，具有深奥的哲学思想。

有典^[1]谟^[2]，有训^[3]诰^[4]，有誓^[5]命，书之奥。

【注释】

[1]典：典章制度。[2]谟（mó）：大臣向皇帝陈述良谋建言献策的事迹和言辞。[3]训：劝诫训导帝王的言辞。[4]诰（gào）：晓谕民众百官的政令通告。[5]誓：出师告诫将士的言辞。

【译文】

《尚书》的内容分六个部分：典是立国的章法原则；谟记录治国的谋略计划；训即大臣劝诫的言辞；诰即国君的政令通告；誓为起兵的出师文告；命为国君的命令，文字深奥难懂。

【解读】

《尚书》是很有价值的历史资料，从内容方面来看，类似于现在国家政府的相关档案，若加以研读，可增加我们对当时社会情况的了解。

我周公^[1]，作周礼^[2]，箸^[3]六官^[4]，存治体。

【注释】

[1]周公：姓姬名旦，周文王的第四子，周武王的弟弟。[2]周礼：书名，周公著。[3]箸：同著。[4]六官：《周礼》分天官冢宰、地官司徒、春官宗伯、夏官司马、秋官司寇、冬官司空六部分。

【译文】

周公著作《周礼》，书中记载当时六官的官制及国家的组成情况。

【解读】

周公是周文王所有儿子中最有才干也最有仁慈之心的。周武王死后，周公帮助周成王辅佐朝政，建立典章制度，由于他的贤能把国家治理得国富民强，开创了周朝八百年的基业。

大小戴 [1]，注礼记 [2]，述圣言，礼乐备 [3]。

【注释】

[1] 大小戴：指西汉经学家戴德和他的侄子戴圣。[2] 礼记：关于礼制方面的言论汇编，由戴德辑录的编成《大戴礼记》八十五篇，后戴圣加以删减，编成《小戴礼记》四十九篇，即《礼记》。[3] 备：齐全，详尽。

【译文】

戴德和戴圣整理并且注释《礼记》，传述和发扬圣贤著作，这为后人了解前人典章制度和礼乐制度提供了详细记载。

【解读】

中国传统的礼义道德中很大部分直到今天仍是有益的。所谓"开卷有益"，也需要一种"取其精华，去其糟粕"的辩证态度去学习和继承。

曰国 [1] 风 [2]，曰雅 [3] 颂，号四诗，当讽咏 [4]。

【注释】

[1] 国：诸侯所封之国。[2] 风：民间歌谣。[3] 雅：正乐之歌。分《大雅》和《小雅》两部分。[4] 讽咏：背诵、吟诵。

【译文】

《国风》《大雅》《小雅》《颂》合称为"四诗"，诗歌内容丰富、感情深切，值得我们吟诵。

【解读】

《诗经》是我国最早的诗歌总集，共三百零五篇，其中以耳熟能详的"关关雎鸠，在河之洲。窈窕淑女，君子好逑"开篇。有反映人民的生活状况和百姓的思想和感情，也有反映社会民风、意识形态，等等。

诗既亡[1]，春秋作，寓[2]褒贬[3]，别[4]善恶。

【注释】

[1]亡：消失。[2]寓：寄托，隐含。[3]褒贬：评论好坏。[4]别：辨别。

【译文】

由于周朝的衰落，《诗经》里面的微言大义也被人遗忘冷落了，所以孔子就作《春秋》，在这本书中寓含着对现实政治的褒贬以及对各国当权者善恶行为的分辨。

【解读】

孔子作《春秋》的时候，笔锋很厉害，当时的君大夫若得《春秋》一字之褒者，其荣耀莫过于天子之华服；若得《春秋》一字之贬者，其羞辱莫过于天子之刑罚。孔子用词极其讲究，看似平淡，不直接表明自己的态度，但是寓褒贬、辨善恶于曲折的文笔之中，号称春秋笔法。

三传[1]者，有公羊[2]，有左氏[3]，有穀梁[4]。

【注释】

[1]传：解说经书的注释文字。[2]公羊：《公羊传》，也称《春秋公羊传》，公羊高作。[3]左氏：《左传》，也称《左氏春秋》，左丘明作。[4]穀梁：《穀梁传》，也称《春秋穀梁传》，穀梁赤作。

【译文】

三传就是公羊高所著的《公羊传》，左丘明所著的《左传》和穀梁赤所著的《穀梁传》，都是阐释《春秋》的书。

【解读】

《春秋》是孔子根据鲁国的史书整理修订的，言简意赅、意义深刻，加之年代久远，所以一般人很难读懂。这三本传都是解释春秋的书，人们可以借助于它们研读明白《春秋》。

经[1]既明，方[2]读子[3]，撮[4]其要，记其事。

【注释】

[1]经：指儒家经典。[2]方：才、当。[3]子：诸子百家之作。[4]撮：撮取。

【译文】

经传读懂之后可以读诸子百家。子书繁杂，必须选择归纳知识要旨，并且熟记事件的本末因果。

【解读】

对于重点的历史事件要记住它的起因和结果，这样比较容易掌握。学习各门类的知识都要牢记一条原则，这就是提纲挈领，掌握主要脉络。

五子者，有荀[1]扬[2]，文中子[3]，及老[4]庄[5]。

【注释】

[1]荀：荀子，名况，著有《荀子》。[2]扬：扬雄，著有《太玄经》

《法言》二书。[3] 文中子：王通，著有《元经》《中说》二书。[4] 老：老子，李耳，著有《道德经》。[5] 庄：庄子，名周，著有《庄子》。

【译文】

五子是指荀子、扬子、文中子，还有老子和庄子。他们所写的书，便称为子书。

【解读】

老子主张"无为而治"，其思想是朴素的辨证法，其学说对中国哲学发展具有深刻影响。庄子主张"天人合一"和"清静无为"的思想，他认为道给了我们形貌，天给予我们形体，我们不要因为好恶而损害自己的本性。他以人的完整生命为起点来思考人应当度过一个怎样的生命旅程，站在天道的环中和人生边上来反思人生，超越了任何知识体系和意识形态的限制。他的哲学是关于生命的哲学，他的思考具有终极的意义。他与老子并称为"老庄"，他们的哲学思想体系被思想学术界尊为"老庄哲学"。

经 [1] 子 [2] 通，读诸史 [3]，考世系 [4]，知终始 [5]。

【注释】

[1] 经：儒家经典。[2] 子：诸子百家。[3] 史：史书。[4] 世系：帝王家族世代相承的脉系关系。[5] 始终：王朝兴亡的始末。

【译文】

经书和子书都了解贯通后，可以再学习史书，考究各朝各代的世系，了解它们的兴衰始末，从历史中吸取教训。

【解读】

英国哲学家弗兰西斯·培根说："读书使人充实，讨论使人机智，笔记使人准确。因此不常作笔记者须记忆特强，不常讨论者须天生聪颖，不常读书者须欺世有术，始能无知而显有知。读史使人明智，读诗使人灵秀，数学使人周密，科学使人深刻，伦理学使人庄重，逻辑修辞之学使人善辩。凡有所学，皆成性格。"他探讨了读书的意义，也阐述了读历史的功用，读史明智，所谓"殷鉴不远""前车之鉴"，历史让我们学会分辨哪些是应当吸取的教训，哪些是成功的经验范本。

自羲[1]农[2]，至黄帝[3]，号三皇，居上世。

【注释】

[1]羲：伏羲氏，传说中的古代帝王。[2]农：神农氏，传说中农业、医药的发明者。[3]黄帝：轩辕氏，传说中的中原各族的共同祖先。

【译文】

远自伏羲氏、神农氏再到轩辕黄帝，三位远古时代的帝王都勤政爱民，后人尊称他们为"三皇"。

【解读】

远古时代，是指从人类出现到国家形成之间的历史时期，也就是原始社会。上古：较早的古代，在我国历史分期上多指夏、商、周、秦、汉这个时期，有时亦兼指史前时代。中古：较晚的古代，在我国历史分期上多指魏、晋、南北朝、隋、唐这个时期。古代：过去距离现代较远的时代（区别于"近代"和"现代"）。在我国历史分期上多指19世纪中叶以前。1840年是中国古代和近代的分界线。近代：指中英鸦片战争开始（1840年）到"五四"运动（1919年）这一段时间。现代："五四"运动到中华人民共和国成立前的一段时期。当代：1949年以后为当代。

唐[1]有虞[2]，号二帝，相揖逊[3]，称盛世。

【注释】

[1] 唐：唐尧，传说中父系氏族社会部落联盟领袖。[2] 有虞：虞舜，传说中的远古皇帝。[3] 揖逊：禅让王位。

【译文】

黄帝之后，有唐尧和虞舜二位帝王，选贤禅让王位，在两位帝王治理下，史称太平盛世。

【解读】

尧是位很贤德的帝王，但凡史籍经典、民间传说，对尧都是赞赏有加。他非常礼贤下士，任人唯贤，管理国家又推行仁义，既是令人敬仰的人格典范，也是治国平天下的君王楷模。他把帝位禅让给有贤能的舜做继承人，传贤不传子。当然，舜也不负众望，继承了尧的精神，处处以身作则，使人向善齐贤，身体力行地推行良好的道德品质，达到治理好国家的目的。现在人常用"尧天舜日"来形容太平盛世，用"尧舜之治"作为后世德政的楷模。

夏[1]有禹[2]，商[3]有汤[4]，周[5]文武，称三王。

【注释】

[1] 夏：国号。[2] 禹：传说中远古部落联盟的首领夏禹王。[3] 商：国号。[4] 汤：商王朝的建立者汤王，又称成汤、商汤。[5] 周：国号。

【译文】

夏朝的开国君主是禹，商朝的开国君主是成汤，周朝的开国君主是文王和武王。这几个德才兼备的君王被后人称为"三王"。

【解读】

大禹采用疏导的办法治水，疏通江河，兴修水利，把河流的水疏导到海里，解除了水患。大禹治水三过家门而不入的旷世美谈妇孺皆知，大禹治水的公而忘私精神也被载入史册，供后人敬仰学习。墨子在《庄子·天下》中称："禹，大圣也。""周文武，称三王。"是指周文王、周公和周武王这三王。周文王一般被视作周朝的开国君王，而周武王是周朝的第一位王。周文王给继位的周武王留下物质保障和精神财富，其中就有周文王儿子周公旦和姜太公来辅佐周武王。

夏传子[1]，家天下[2]，四百载[3]，迁[4]夏社[5]。

【注释】

[1]夏传子：夏禹开始把王位传给儿子。[2]家天下：天下成为一个家族所有。[3]载：年。[4]迁：迁移，改变。[5]社：指社稷，古代帝王诸侯所祭祀的土地神和谷神，后指国家政权。

【译文】

禹把帝位传给自己的儿子启之后，天下从此成为一个家族所有。历时四百多年之后，夏被汤灭掉，从而结束了夏朝的统治。

【解读】

大禹之后，大禹的儿子启继承了王位，致使禅让制退出了历史舞台，中国历史从此进入了家天下的时代。中国的历史持续了几千年的家天下统治时代，直到推翻专制帝制王朝、建立共和政体的全国性革命即辛亥革命的发生，才结束了最后一位满族皇帝，从此家天下的统治时代才真正结束。

汤伐[1]夏[2]，国号商。六百载，至纣[3]亡。

【注释】

[1]伐：讨伐。[2]夏：夏朝末代国君夏桀王。[3]纣：商朝末代国君商纣王。

【译文】

因为夏桀在位时残暴无道，成汤攻而伐之，建立了商朝。历时六百多年，直到纣王自杀国亡。

【解读】

承担启蒙教材的《三字经》自然把历史的演变脉络呈现出来，每句话都蕴藏着丰富的历史故事。商汤伐夏成立了商朝，并创造了辉煌的殷商文化，而商朝末代的纣王一如夏桀王的残暴无道又被后来的周文武王讨伐，从而结束了商王朝。历史总是以惊人雷同的方式前进着。从此，夏桀、商纣也成为暴君的代名词。

周武王，始诛[1]纣，八百载[2]，最长久。

【注释】

[1]诛：诛伐，杀死。[2]八百载：周朝分西周和东周，共约八百余年。

【译文】

周武王起兵伐商，纣王兵败后自杀，周朝的历史最长，历时八百多年。

【解读】

各朝各代的兴衰，都是有内在原因和外在原因的。商纣的残暴荒淫，引起各诸侯国的强烈不满，"仁政必兴、暴政必亡"。其二，周朝之前虽是诸侯国，但农业发达，这就意味着国力强盛，为讨伐商纣提供了物质基础。周朝的历史分为西周和东周，周幽王被杀之前是西周，周平王向东迁都洛阳后是东周。周幽王为博得爱妃褒姒一笑，"烽火戏诸侯"，上演"狼来了"的故事。敌人真来进攻时，周幽王再点烽火已不能招集诸侯了，周幽王被杀，太子周平王继位。

周共和[1]，始纪年。历宣幽[2]，遂东迁。

【注释】

[1]共和：公元前841年，因国人暴动周厉王逃离镐京，由周公、捎公共同执政，历史上将这一年称为"共和元年"，是我国有确切纪年的开始。[2]宣幽：指周宣王、周幽王。

【译文】

我国从周朝共和之年开始有正式纪年。经历了周宣王和周幽王，周朝首都东迁洛阳。

【解读】

周朝第十代的厉王暴虐无道，终于被赶出皇宫，由周公和召公共同执掌政权，后来由厉王的儿子宣王继位，到了周幽王时，镐京为犬戎攻破，周朝首都东迁洛阳，称为东周。

周辙东[1]，王纲[2]坠[3]，逞[4]干戈[5]，尚游说[6]。

【注释】

[1]周辙东：指周平王将国都东迁至洛阳。辙，这里指代车，意为搬迁。[2]王纲：指王朝的统治。[3]坠：衰落。[4]逞：显示、

45

夸耀。[5]干戈：军事力量、武力。[6]游说：政客以口才劝说各诸侯采纳他们的主张献策。

【译文】

自周平王东迁国都后，对诸侯的控制力开始衰落，诸侯国之间时常武力相争，而游说之士们也开始鼓吹、游说，大行其道。

【解读】

周平王国都东迁至洛阳，搬迁过程中秦国、魏国、郑国帮助王室完成了东迁的任务。为了奖赏这几个诸侯国，王室划分了一些区域领土酬谢各有功国，这使得原本在西北一隅的秦国骤然强大，政治格局发生了很大的变化。这时王室逐渐失去了对各诸侯国的控制，诸侯国都想称王称霸，动不动干戈以见，战争连年不绝，老百姓饱受了战争的苦难。

始春秋 [1]，终战国 [2]。五霸 [3] 强，七雄 [4] 出。

【注释】

[1]春秋：指公元前 770 年到公元前 476 年这一时期，因鲁国编年史《春秋》而得名。[2]战国：指公元前 475 年到公元前 221 年这一时期，因当时各诸侯国之间连年战争而得名。[3]五霸：指齐桓公、宋襄公、晋文公、秦穆公、楚庄王。[4]七雄：指齐、楚、燕、赵、韩、魏、秦七个强国。

【译文】

东周分两个时期，东周前期为春秋时期，后期称为战国时期。春秋的齐桓公、宋襄公、晋文公、秦穆公和楚庄王号称五强称霸。战国时的七雄分别为齐、楚、燕、韩、赵、魏、秦。

【解读】

周平王东迁后，一统天下的地位早已名存实亡，而是"五霸"说了算。齐桓公是五霸之首，他重于改革，国力日益强盛。宋襄公帮助了齐孝公登上了王位，并以讲信用、讲仁义著称。由于晋文公的父亲把王位传给了小儿子，晋文公先后在卫国、齐国、曹国、楚国过着十几年颠沛流离的生活，后在秦国的帮助下晋文公重新回到自己的国家当上了国君。现在的清明节也是起源于晋文公悼念曾经帮过他的介子推"割股充饥"之恩。秦穆公是晋文公的岳父，他任人唯贤，渴慕贤才。他用五张羊皮把当时在楚成王手下养马的百里奚换回，后成为秦穆公的贤臣。"此鸟不飞则已，一飞冲天；不鸣则已，一鸣惊人。"说的就是楚成王的一鸣惊人，成就霸业。

嬴秦氏[1]，始兼并。传二世[2]，楚[3]汉[4]争[5]。

【注释】

[1]嬴秦氏：秦国君姓嬴，所以秦也称为嬴秦，这里指秦始皇嬴政。[2]二世：名胡亥，秦始皇儿子，继承始皇为二世皇帝。[3]楚：楚霸王项羽。[4]汉：汉高祖刘邦。[5]争：争权。

【译文】

战国末年，秦国的势力日益强大，兼并了其他诸侯国，建立了统一的秦朝。秦传到二世胡亥，天下又大乱，形成楚汉相争的局面。

【解读】

战国末年，秦始皇统一六国，建立的秦王朝是我国历史上第一个中央集权制的封建制度国家。虽然秦始皇在位统治的十五年期间苛政杂税、大兴土木、焚书坑儒等，产生了很多负面评价，但不可否认的是其统一中国的历史意义，使得书同文、车同轨、度同制、行同伦以及统一货币、度量衡等方面的贡献。此外，秦始皇还推行郡县制，修筑规模浩大的军事工程——长城。如今，长城早已被世人视为中国的象征之一。皇帝的称号始于秦始皇，皇在古代的意思是大，帝是上古人们想象中主宰万物的最高天神。皇帝就意味着拥有至高无上的权威和地位，而且是上天赐予的，就是君权神授。秦始皇还采取了很多遵君措施使得皇帝的地位神圣化，例如，只有皇帝自称为朕，只有皇帝用的玉印称为玺。

高祖兴 [1]，汉业建，至孝平 [2]，王莽 [3] 篡 [4]。

【注释】

[1] 兴：兴起。[2] 孝平：孝平帝，在位五年被外戚王莽篡权杀害。[3] 王莽：汉朝大司马，汉元帝皇后侄，杀害孝平帝篡权为帝，改国号为"新"。[4] 篡：夺取。

【译文】

汉高祖打败项羽，建立汉朝基业。汉朝皇位传到孝平帝时，被王莽篡夺了。

【解读】

汉朝建立后，经过汉文帝刘恒和汉景帝刘启的"文景之治"，又经过汉武帝的开疆拓荒，汉朝日趋强大，进入鼎盛时期。但内部的混乱使得官宦外戚相争，王莽就出现了。王莽，字巨君，是汉元帝皇后的侄子。汉哀帝公元前 1 年去世后，汉平帝即位，元后临朝掌制，王莽出任大司马为辅政大臣，封"安汉公"，即能安定汉室的公爵。公元 3 年，在王莽的策划下，汉平帝刘衎娶比自己大三岁的王莽女儿为妻。公元 6 年，大臣们给刘衎祝寿，王莽乘机敬上毒酒，刘衎一饮而尽。公元 9 年，王莽篡位称帝，改国号为"新"，年号"始建国"。直至公元23年绿林军攻入长安后，王莽被杀，在位15年。

光武[1]兴，为东汉[2]，四百年，终于献[3]。

【注释】

[1]光武：指光武帝刘秀。刘秀，字文叔，公元25年称帝重建汉朝，史称"光武中兴"。[2]东汉：指光武帝定都洛阳，故称东汉，以前为西汉。[3]献：汉献帝，东汉末代皇帝。

【译文】

为光复汉室，刘秀兴起，推翻新朝，恢复国号为汉。东汉历时四百年，到汉献帝的时候灭亡。

【解读】

刘秀加入绿林起义军，以恢复汉家制度为号召，在昆阳地区击败王莽主力军，攻入长安城，放火烧了未央宫。之后，刘秀利用赤眉起义军与绿林军间的矛盾，削平割据势力，剿灭各地豪强，恢复天下统一。到了汉末期，外戚、宦官、士大夫之间互相攻击，各地军阀利用手中军队控制政权、彼此争斗，军阀混战，王室无能。到汉献帝时，曹操挟天子以令诸侯，汉献帝做了20多年的傀儡。直到曹操之子曹丕废黜汉献帝成为大魏皇帝，汉朝就灭亡了。

蜀[1]魏[2]吴[3]，争汉鼎[4]，号三国，迄[5]两晋[6]。

【注释】

[1]蜀：刘备在成都称帝，国号汉，史称蜀汉。[2]魏：曹丕取代汉献帝在洛阳称帝，国号魏，史称曹魏。[3]吴：孙权在建业（今

49

江苏南京）称王，229 年称帝，国号吴，史称东吴。[4]鼎：传国的实物，象征国家政权。[5]迄：到。[6]两晋：西晋和东晋的合称，司马炎代魏称帝定都洛阳，是为西晋。西晋灭后，司马睿重建政权在建康（今南京）即位，是为东晋。

【译文】

东汉末年，魏国、蜀国、吴国争夺天下，形成三国鼎力、相争的混战局面。魏灭了蜀、吴两国，但司马家族建立了晋朝。晋又分为东晋和西晋两个时期。

【解读】

《三国演义》全书描写了三国时期的政治军事格斗风云，反映了三国时期各种社会矛盾的渗透与转化，概括了这一时期的历史巨变，是我国家喻户晓的一部古典小说，也是世界文学宝库的一部分。作者罗贯中成功地塑造了一批叱咤风云、有生命力的人物形象，如诸葛亮"鞠躬尽瘁，死而后已"的胸怀大义；曹操"宁教我负天下人，休教天下人负我"的人生信条；关羽的"威猛刚毅""义薄云天"；刘备的"仁民爱物、礼贤下士、知人善任"，等等。

宋[1] 齐[2] 继，梁[3] 陈[4] 承，为南朝[5]，都金陵[6]。

【注释】

[1]宋：刘裕代晋称帝，建都建康，国号宋，史称刘宋。[2]齐：萧道成代宋称帝，国号齐，史称南齐。[3]梁：萧衍代齐称帝，国号梁，史称萧梁。[4]陈：陈霸先代梁称帝，国号陈。[5]南朝：宋、齐、梁、陈四代都建都金陵，史上称为南朝。[6]金陵：南京古称，还有建业、建康等名。

【译文】

　　晋朝王室南迁以后不久就衰亡了，不久就衰亡了继之而起的是刘宋、南齐、萧梁和陈。历史称为南朝，四朝建都于金陵。

【解读】

　　南北朝是中国历史上的一段分裂时期，由刘裕篡东晋建立南朝宋开始，至隋灭南朝陈为止。南北两势，虽各有朝代更迭，但长期维持对峙，所以称为南北朝。南朝包含刘宋、南齐、萧梁和陈四朝，北朝则包含北魏、东魏、西魏、北齐和北周五朝。这里所指的宋与后来赵匡胤建立的宋朝不可混淆，这里"宋"的开国皇帝是刘裕，也称刘宋。刘裕原为东晋大将军，篡位后杀光前朝东晋皇族，后来刘裕的禁军首领萧道成篡位成功，把刘裕子孙杀光，变宋为齐。真是应了那句老话：一报还一报。

　　北元魏[1]，分东西，宇文周[2]，与高齐[3]。

【注释】

　　[1] 北元魏：北魏是鲜卑族称王，国号魏，后孝文帝迁都洛阳，改姓元，也称元魏。[2] 宇文周：宇文觉代西魏称帝，建都长安，国号周，史称北周。[3] 高齐：高洋代东魏称帝，国号齐，史称高齐、北齐。

【译文】

　　北朝先有元魏，元魏后来也分裂成东魏和西魏。西魏被宇文觉代魏建北周，东魏被高洋代位另立北齐。

【解读】

　　北魏孝文帝当时定都平城（现山西大同），他认为平城是个兵家必争之地，打仗用武可以，但不适合推行改革，不能发展壮大王

51

朝的首都，想迁都至中原地带的核心地区洛阳。而北魏的鲜卑族已经习惯了北方生活，南方又没有成片可以牧马的草原，显然这样的决择对游牧民族来说是具有挑战性的。但孝文帝巧用出兵伐齐的口号，骑兵南下迁都洛阳。不仅有利地控制中原地区，而且受中原文化影响进行汉化改革，如改说汉话、穿汉人的衣服、改用汉姓等，所以孝文帝原名拓跋宏后改姓元。北魏孝明帝年幼继位，母亲胡太后辅政，她十分奢靡又笃信佛教，兴建石窟（有云岗石窟、龙门石窟）以弘扬佛教，花费大量人力、物力与财力，大大削弱了北魏国力。北魏大乱，慢慢分裂，高欢控制了东魏，宇文泰控制了西魏。高欢之子高洋建立北齐，所以也称高齐；西魏宇文泰之子宇文觉建立北周，又称宇文周。

迨[1]至隋[2]，一土宇[3]，不再传，失统绪[4]。

【注释】

[1] 迨（dài）：及、等到。[2] 隋：杨坚代北周称帝，国号隋，史称隋文帝。[3] 一土宇：南北合并，天下统一。[4] 统绪：一脉相承的帝位传承。

【译文】

直到杨坚起兵称帝，建立隋朝，天下重新统一。他的儿子隋炀帝杨广即位后荒淫无道，仅传了一代，隋朝很快就灭亡了。

【解读】

相对于中国几千年的历史长河，隋朝的历史十分短暂，只经历了两位皇帝。隋文帝，名杨坚，鲜卑族的名字叫普六茹。他见识深广，有将谋之略，挥兵南下灭掉了当时南方的陈朝，南北一统天下。隋文帝建立隋朝后，在政治、经济、民生等方面进行了具体而微的改革，如确立三省六部制、简化地方制度、设置粮仓、发布均田令、开漕渠修运河。但是这位雄才大略的皇帝在承继皇位的事情上惧内，听信了夫人的建议，废长子杨勇太子位，改立杨广，就是后来的隋炀帝。悲剧开始了，杨广杀兄弑父、残暴荒淫、生活奢靡，弄得民怨载道、民不聊生。但也难说他没有可取之处，如他亲临战场攻打陈朝、续建运河、拓西征东，等等。

唐高祖[1]，起义师[2]，除隋乱，创[3]国基[4]。

【注释】

[1]唐高祖：李渊，本为隋朝太原留守，封唐国公，后隋亡称帝，国号唐。[2]义师：伸张正义的军队。[3]创：开创。[4]国基：国家基业。

【译文】

唐高祖李渊起兵反隋，兴起仁义之师，清除隋朝各路之乱取得天下，开创了大唐基业。

【解读】

唐高祖李渊与隋炀帝是姨表兄弟，作为隋炀帝的亲戚，非常受重用，当时在号称中原北大门的太原当留守，以抗击突厥，钱、粮、兵器充足。隋朝末年，农民起义，变乱四起，李渊起兵，蓟除群雄，开创大唐王朝。后来太子李建成与秦王李世民在继承皇位事情上起争夺，虽然太子名正言顺应当继承皇位，但在唐朝的建立过程中李世民东征西战，赫赫战功远远大于李建成。兄弟二人几番明争暗斗后，李世民在玄武门发动政变，杀死了皇太子李建成和四弟齐王李元吉，得立为新任皇太子，不久继任皇位，年号贞观，是为唐太宗。

二十传 [1]，三百载 [2]，梁 [3] 灭之，国乃改。

【注释】

[1] 二十传：唐朝共传二十位皇帝。[2] 三百载：唐朝统治将近三百年。[3] 梁：朱温代唐称帝，国号梁，史称后梁。

【译文】

唐朝共传二十位皇帝，历时将近三百年。后梁的朱温灭唐之后，江山易主，国家就改掉了。

【解读】

唐太宗统治期间，任人唯贤，善于纳鉴，又体恤百姓，轻徭薄赋，休养生息，社会出现祥和安宁、盛世空前的局面，史称"贞观之治"。到了唐玄宗李隆基登上皇位时，他励精图治，使得社会安定、政治清明、经济繁荣，唐朝又进入第二个盛世，人称"开元盛世"。但后期由于他对杨贵妃格外宠爱，又宠信、重用李林甫和杨国忠等奸臣，引发了一系列的政治后果，发生了"安史之乱"。安禄山、史思明起兵叛乱唐朝，这也是唐朝由盛入衰的转折点。

杨贵妃，字玉环，唐代蒲洲永乐人，能歌善舞，精通音律，深得唐玄宗宠爱。《过华清宫绝句》中"一骑红尘妃子笑，无人知是荔枝来"是唐玄宗宠爱杨贵妃的真实写照。《长恨歌》中"在天愿作比翼鸟，在地愿为连理枝"是描写他们爱情的名句，后唐玄宗被逼赐死了杨贵妃，真应了那句"天长地久有时尽，此恨绵绵无绝期"。

梁唐 [1] 晋，及汉周，称五代 [2]，皆有由。

【注释】

[1] 唐：李存勖灭后梁称帝，国号唐，史称后唐。[2] 五代：唐

54

朝之前有宋、齐、梁、陈、隋五代，称前五代；唐朝之后有梁、唐、晋、汉、周五代，称后五代。此处指后五代。

【译文】

后梁、后唐、后晋、后汉和后周五代更替时期，史上称作五代，五代更替都有一定缘由。

【解读】

朱温，小名朱三，后梁太祖，唐朝砀山人。参加农民起义后，又归降朝廷，被唐僖宗赐名朱全忠，任命为大将军。在镇压黄巢起义中起家的朱温后来废掉了唐朝的最后一位皇帝，建立后梁。后梁是被后唐所灭的，建立后唐的正是李存勖，唐朝晋王李克用之子。他自幼喜欢骑马射箭，胆力过人，与父亲一起讨伐朱温，攻灭后梁，一统北方。但他荒淫无度，又听信谗言，内乱四起，死后由儿子李嗣源继位。石敬瑭是李嗣源的女婿，掌握重权，后以割让燕云十六州给契丹为条件获得援助，攻灭后唐，登上皇位，建立后晋。后晋灭后是后汉，开国皇帝是刘知远。五代最后一个王朝是郭威建立的后周，郭威死后，由皇后的内侄柴荣继位，史称周世宗。

炎宋[1]兴，受周禅，十八传，南北混[2]。

【注释】

[1]炎宋：赵匡胤建立宋朝，区别于南朝刘宋，史称赵宋，赵宋以火德为崇，故也称炎宋。[2]南北混：即南宋和北宋先后与北方辽、金、西夏等相攻混战。

【译文】

炎宋兴起，赵匡胤受后周"禅让"，建立宋朝。宋朝传了十八个皇帝后，又陷入南北混战的局面。

【解读】

宋太祖赵匡胤，涿州（今河北）人。周世宗柴荣死后，周恭帝柴宗即位，尚且年幼。辽兵南下入侵时，赵匡胤受命领兵出征，此时他已是禁军将领，掌握后周的兵权，这次出征发生了"陈桥兵变""黄袍加身"。军队在离开封几十里的陈桥，士兵们倒戈拥护赵匡胤做皇帝，给他穿上了黄袍。回到京城后，整个京城也被赵匡胤占领。周恭帝将皇位禅让给赵匡胤，赵匡胤对周朝的太后和幼主也没有动手，后周柴家子孙在宋朝还是有一定特权的。赵匡胤代周称帝，建立宋朝，定都开封。

辽[1]与金[2]，皆称帝，元[3]灭金，绝宋世。

【注释】

[1]辽：耶律阿保机建契丹国，后改国号为辽。[2]金：女真族创建朝代，国号金。[3]元：成吉思汗建蒙古国，后忽必烈定国号为元。

【译文】

北方的辽人、金人纷纷建国称帝，最后蒙古人灭了金、宋两朝，建立元朝，重又统一了中国。

【解读】

赵匡胤驾崩后他的弟弟赵光义继承皇位，关于继承的原因也众说纷纭，是个谜。到了宋徽宗的时候，辽、金、宋还有西夏国的关系十分复杂。辽朝是被金朝灭掉的，后金朝又灭了北宋。宋朝的人、物、财都被金朝掠夺，这就是史称的"靖康之难"。面对金兵入侵，宋朝军民奋起抗战，涌现出一大批英雄将领，尤以岳飞为代表，更是留下"靖康耻，犹未雪，臣子恨，何时灭"的名句。宋朝很快又推出新皇帝宋高宗赵构，皇室南逃，迁都临安，史称南宋。后来金朝又被蒙古和南宋联合灭掉。

舆图 [1] 广，超前代，九十载，国祚 [2] 废 [3]。

【注释】

[1] 舆图：指领土疆域。[2] 国祚：帝位，王位。[3] 废：废弃。这里指国亡。

【译文】

元朝时的疆域很广，所属领土超过了之前的任一个朝代。然而历经九十多年，就灭亡了。

【解读】

元朝是蒙古族元世祖忽必烈建立的王朝，不仅统一了中国，还兼并了很多民族，包括后来成洁思汗统一了蒙古高原各部落的领土，强盛时期的疆域北到蒙古、西伯利亚，甚至有说北到北冰洋。在元朝和南宋相争更替的时候，也出现了英雄人物文天祥。南宋末年，国势微弱，支撑不住元朝大军摧枯拉朽式的战争，军队兵临城下。文天祥接到宋恭帝诏书，出兵勤王。文天祥希望通过与元军谈判来刺军情、探虚实，结果不但被元军大将伯颜扣下，而且文天祥的军队也被南宋朝廷解散。羊入虎口、身陷囹圄的文天祥面对元朝的策反归顺的意图视死如归，宁可以身殉职。正如《过零丁洋》所写："人生自古谁无死，留取丹心照汗青。"

太祖[1]兴，国大明[2]，号[3]洪武，都金陵[4]。

【注释】

[1]太祖：明太祖朱元璋，原名朱重八，早年家贫出家，在皇觉寺为僧。[2]明：国号。[3]号：年号。[4]金陵：南京。

【译文】

元朝末年，明太祖朱元璋起义，推翻元朝，统一全国，建立大明，年号洪武，定都金陵。

【解读】

朱元璋幼年家境贫困，放牛、为僧、云游。艰苦的生活磨练使他练就了坚毅勇敢的性格，积累了很多社会经验，也结交了能人义士、朋友。后来他参加红巾军义军起义，屡有战功，渐成统帅，南征北战，"高筑墙、广积粮、缓称王"。最后推翻元朝统治，统一全国，建立大明，当上了皇帝，年号洪武，定都在金陵（今南京）。朱元璋是继汉刘邦后的又一位平民皇帝，贵为皇帝后，性格使然敏感多疑。为了使大明江山稳妥地传下去，后来也杀了很多与他一起打天下的功臣将士，先后就有"胡惟庸案""蓝玉案"等。

迨成祖[1]，迁燕京[2]，十六世，至崇祯[3]。

【注释】

[1]成祖：指明成祖朱棣。[2]燕京：今北京西南。[3]崇祯：明朝最后一个皇帝明思宗朱由检的年号。

【译文】

明成祖即位后，把国都从金陵迁到燕京。明朝历经十六个皇帝，到崇祯皇帝时，明朝就灭亡了。

【解读】

　　朱元璋的皇位本由太子朱标继承，可惜朱标死了。当时还有二皇子秦王、三皇子晋王、四皇子燕王，他们都是藩王，手握重兵，边守重疆。朱元璋本有意立燕王，怕引起其他藩王争战，于是重新考虑皇位继承问题。据嫡长孙继位原则，明兴宗朱标长子朱雄英可继位，可朱雄英也死了，遂立了嫡次孙朱允炆。建文帝朱允炆当了四年的皇帝，就被他的四叔燕王朱棣篡权夺位。历史上，关于朱允炆的死是个谜团，因为朱棣攻城火烧京城，在皇宫未找到朱允炆。虽然对于朱棣登上王位的方式有所不齿的地方，但明成祖朱棣在位期间浚通大运河，迁都北京，编纂《永乐大典》、派郑和下西洋等，在经济发展、传承文化、对外交流方面做了很大的突破。明朝传了十六个皇帝，到了明思宗朱由检也就是崇祯皇帝的时候，天灾人祸，内乱四起。虽然他雷厉风行地杀了宫廷内患魏忠贤，但也刚愎自用地处死了英雄袁崇焕，使得明朝更加风雨飘摇。后受李自成逼迫，在煤山（现景山）自缢身亡。

　　权阉[1]肆[2]，寇[3]如林，李闯[4]出，神器焚[5]。

【注释】

　　[1]阉：指代太监。[2]肆：任意，放肆。[3]寇：盗匪，侵略者，这里指起义军。[4]李闯：李自成，明末农民起义领袖。[5]神器：比喻帝位。

【译文】

　　明末时期，宦官权势当道，农民起义风起云涌，天下大乱。以闯王李自成为首的起义军攻入北京，明朝灭亡。

【解读】

明末时，宦官专权，政治腐败、贪污成风。百姓不堪重负，纷纷起义。李自成是闯王高迎祥部下闯将，勇猛有识，受各首领赞赏，声望日高，高迎祥牺牲后他继称闯王。由于其部将李岩提出"均田免赋""迎闯王，不纳粮"等口号，使李自成的军队获得百姓的支持，部队发展到百万之众，成为农民战争中的主力军。后来他带领起义军攻克北京，推翻了明王朝。由于他犯了"胜者为王"一时骄傲的错误，逼反吴三桂，导致其引领满清贵族入关，联合进攻农民军。李自成迎战失利，退出北京，继续抗清斗争。

清世祖[1]，膺[2]景命[3]，靖[4]四方，克[5]大定[6]。

【注释】

[1]世祖：顺治帝爱新觉罗·福临，清入关后的第一位皇帝。[2]膺：承受，受命。[3]景命：天命。[4]靖：安定，平定。[5]克：能够。[6]大定：大一统。

【译文】

清入关后，清世祖顺治皇帝在北京登上皇位，平定各地战乱，老百姓重新开始安定的生活。

【解读】

爱新觉罗·努尔哈赤在当时的东北地区利用女真各部落之间以及和其他民族部落之间的矛盾控制局势，统一了大部分女真部落。努尔哈赤采用蒙古文字为满语配上字母而发明了满文，在赫图阿拉称"覆育列国英明汗"，国号"大金"。后努尔哈赤迁都辽阳，兴建东京城。努尔哈赤之子皇太极在世时期迁都沈阳，改国号为"大清"，改元承德，是大清国的建立者和开国皇帝。后来清太宗皇帝爱新觉罗·皇太极突然无疾而终，其子爱新觉罗·福临在叔父摄政睿亲王多尔衮辅佐下继承皇位，改元顺治，并于顺治元年迁都北京，成为清入关后的第一位皇帝。

古今史，全在兹[1]。载治乱，知兴衰。

【注释】

[1]兹：这里。

【译文】

以上所叙述的是从三皇五帝到建立民国的古今历史，我们通过对历史的学习，可以了解各朝各代的治乱兴衰，领悟到许多有益的东西。

【解读】

"读史使人明智"。当我们总结前人的经验时，可以从中吸取许多有用的东西。

史虽繁[1]，读有次[2]：史记一，汉书二。

【注释】

[1]繁：多。[2]次：顺序。

【译文】

中国历史书纷繁复杂，读的时候讲究次序：先读《史记》，再读《汉书》。

【解读】

《史记》，原名《太史公书》，是西汉时期史学家司马迁撰写的中国第一部纪传体通史。记载上自上古传说中的黄帝时代，下至汉武帝时代共3000多年的历史，被列为二十四史之首。加上《汉书》《后汉书》《三国志》合称"前四史"。《汉书》，又称《前汉书》，是东汉时期的历史学家班固编撰的中国第一部纪传体断代史，记述了上起西汉汉高祖元年时期，下至新朝的王莽时期共230年的史事。《汉书》包括纪十二篇，表八篇，志十篇，传七十篇，共一百篇，后人划分为一百二十卷，共八十万字。

后汉^[1]三，国志^[2]四，兼证经，参通鉴^[3]。

【注释】

[1]后汉：指代《后汉书》。[2]国志：指代《三国志》。[3]通鉴：指代《资治通鉴》。

【译文】

第三读《后汉书》，第四读《三国志》，读的同时可参照经书，参考《资治通鉴》。

【解读】

《后汉书》是我国南朝刘宋时期历史学家范晔编撰的一部记载从王莽起至汉献帝期间东汉历史的纪传体史书，是继《史记》《汉书》后又一部私人编撰的重要史籍。《三国志》是我国晋代陈寿编写的一部主要记载魏、蜀、吴三国鼎立时期的纪传体国别史。《资治通鉴》是我国北宋司马光编写的一本长篇编年体史书，记载由周威烈王二十三年到五代的后周世宗显德六年间的详细历史。《资治通鉴》是中国第一部编年体通史，在中国史书中有极重要的地位。

读史者，考实录[1]，通古今，若亲目[2]。

【注释】

[1]实录：翔实可靠的记录。[2]若亲目：就像亲眼目睹。

【译文】

读历史的人应当翻阅历史资料，以进一步考察古往今来事情的前因后果，就好像是自己亲眼所见一样。

【解读】

中国历史悠久，前文《三字经》中描述的历史是个简单的轮廓。要想真正掌握历史脉络，深入了解研究，必须查考各朝各代的历史资料，所以《三字经》中也为翻阅什么资料提供参考，包括"前四史"和"二十四史"。历史是面镜子，我们可以从这面镜子中汲取宝贵经验、历史教训。

口而诵[1]，心而惟[2]，朝[3]于斯[4]，夕[5]于斯。

【注释】

[1]诵：背诵。[2]惟：思考。[3]朝：早上。[4]斯：这，这里。[5]夕：晚上。

【译文】

读书要有恒心，一边口里朗读，一边用心思考。早晚都把心思用到学习上，才能真正学好。

【解读】

知识的海洋是浩瀚的、无穷尽的。就像一只气球，越吹越大，它本身接触到的空间也越来越大。知识也是这样，了解得越多，就会发现不了解的方面越多。知识就是力量、知识就是财富、知识就是智慧。古人讲聪明过人，一个"聪"字就把读书时眼、耳、口、心都要用到时的状态描绘得淋漓尽致。

昔仲尼[1]，师项橐[2]，古圣贤，尚勤学。

【注释】

[1]仲尼：孔子，姓孔名丘，春秋时代鲁国（今山东曲阜）人，思想家、教育家、政治家。[2]项橐（tuó）：春秋时期鲁国神童，七岁时教过孔子，十一岁死亡。

【译文】

从前的孔子是好学之人，当时鲁国有个神童，名叫项橐，孔子曾向他求教。像孔子这样的圣贤尚且不忘勤学，何况我们普通人。

【解读】

项橐，自幼无师自通，聪明过人。从小爱观察事物，遇事好打破砂锅问到底。见夏天电闪雷鸣，就问父亲："为什么夏天闪电打雷？"父亲说："老天爷打闪照明，打雷劈坏人和妖怪。"项橐反问："那坏人和妖怪只夏天有，冬天没有吗？"问得父亲张口结舌。孔子周游列国时就听说过这个聪明伶俐的小孩子，打算会会这位神童。孔子坐着子路赶的马车，项橐站在路中不让路，地上还用小石头围了圈。孔子下车问他为什么不让路。项橐说："是城躲马？还是马躲城？"孔子和弟子们也哑口无言，只好绕"城"而过。孔子的袍子在路上被棘子刮破了，一个弟子说："此地棘子甚多，自幼长刺，大了更恶，实乃无用之材。"项橐也在其中，就问："先生，什么是'有用之材'？"孔子说："诸木之中，唯四季长青之松柏最好。"项橐接着问："松柏的确是有用之材，为什么松柏四季长青呢？"孔子说："因为松柏木质硬，心红无孔。"项橐接着又问："那为什么竹子心白有孔，也四季长青呢？"孔子无言以对。孔子一生曾经拜项橐学乐曲、拜郯子学礼仪、拜老子学人生哲学，正所谓"三人行必有我师焉"。一个把学习放在崇高地位的人，定是虚心向人求教而不在乎自己的年龄、地位和身份的。

赵中令[1]，读鲁论[2]，彼既仕，学且勤。

【注释】

[1]赵中令：赵普，北宋初年宰相，官至中书令。以"半部《论语》治天下"言论闻天下。[2]鲁论：书名，《论语》有三种版本，《鲁论》《齐论》《古论》，我们通常读的论语是《鲁论》。

【译文】

宋朝时赵中令赵普，官至中书令，长年手不释卷地阅读《论语》，虽然他已当高官，但依旧勤奋好学。

【解读】

赵普当宰相的时候从《论语》中学习很多为臣之道，他能引经据典，处理政事也井井有条。但也有人攻击他只会读《论语》，赵普回答说："我以半部《论语》辅助宋太祖得天下，以半部《论语》帮助宋太宗治天下。"留下"半部《论语》治天下"的美谈。

披[1]蒲[2]编，削竹简[3]，彼无书，且知勉。

【注释】

[1]披：披开。[2]蒲：又叫草蒲，蒲编，指用草蒲编成书。西

汉路温舒,家贫无钱买书。他把蒲草编成书,借书抄读。[3]竹简:把竹削成竹片,在竹简上写字。西汉公孙弘,在竹林中放猪时把青竹削成竹片,借书抄读。

【译文】

西汉时路温舒用蒲草抄《尚书》阅读,公孙弘把《春秋》刻在竹子削成的竹片上。他们俩无钱买书,但还不忘勤奋,如此苦学。

【解读】

古人在没有书本的情况下创造环境也要读书,没有钱买就借书,借完了还要还给人家呢。所以就把草蒲编成书,用竹简刻成书,抄书、刻书以阅读。如今,书本、笔记本、电子书等已习以为常,学习的环境条件样样不缺,不好好读书真是没理由啊。

头悬梁[1],锥[2]刺股[3],彼不教[4],自勤苦。

【注释】

[1]梁:架于柱上端的屋梁。[2]锥:钻孔用的锐器。[3]股:大腿。[4]教:督促。

【译文】

汉朝孙敬常常刻苦读书,唯恐晚上打瞌睡,就用绳子把头发系在屋梁上。战国时苏秦用功读书,要打瞌睡时,就拿锥子刺大腿来痛醒自己。

【解读】

汉朝孙敬就是太喜欢读书,不让一寸光阴虚度,苦学后成为当世的大儒。苏秦,战国时期著名的谋士,曾与鬼谷子学纵横捭阖之术多年。这个故事是告诉我们要想成为有学识的人,需要刻苦读书,当然不是提倡以伤害身体的方式来激发勤奋，而是提倡这种刻苦好学的精神，因为求知这事只有自己努力才能学到，任何人替代不了。

如囊[1]萤，如映雪，家虽贫，学不辍[2]。

【注释】

[1]囊：装在袋子里，此处名词作动词用。[2]辍：中止、停止。

【译文】

晋朝人车胤把萤火虫放在纱袋里照亮读书，孙康冬夜借助积雪的反光来读书。他们家境贫苦，在艰苦条件下却能继续求学。

【解读】

《三字经》中选取了一夏一冬两个典型故事，意在告诉我们不论家境如何贫困，都不应当放弃学习，更不是放弃学习的理由和借口。不受外界环境影响，克服困难，努力学习，不停止追求知识的步伐，这种求学精神令人敬佩。现在我们有着舒适的环境，身在福中不知福，还不知珍惜学习机会和学习环境，真是惭愧！

如负[1]薪，如挂角[2]，身虽劳，犹苦卓。

【注释】

[1]负：背。[2]挂角：隋代李密替人放牛，把书挂在牛角上，一边放牛，一边读书。

【译文】

汉朝的朱买臣以砍柴为生，每天边担柴边读书。隋朝的李密放牛时把书挂在牛角上，有时间就读书。他们每天干活虽然辛苦，

67

但仍坚持读书。

【解读】

汉朝的朱买臣，以砍柴维持生计，还经常读书吟唱。他的妻子受不了他这样唱歌一样读书，熬了很久，终于要了一纸休书，另嫁他人。后来朱买臣得到皇帝赏识在当地做了太守，朱买臣请前妻和前妻的丈夫在太守府吃饭，不知他前妻是懊悔还是怨恨自杀身亡了。李密，隋末农民起义中瓦岗军首领，他也是年少时点滴学习、积累学问，在历史上做出了一番事业。

苏老泉[1]，二十七，始发愤[2]，读书籍。

【注释】

[1]苏老泉：宋朝著名文学家苏洵，苏东坡的父亲。[2]始发愤：始，开始。才开始发愤学习。

【译文】

唐宋八大家之一的苏洵，号老泉，小时候不想念书，等到二十七岁时，才开始下决心努力学习，后来成了大学问家。

【解读】

学习是需要从小循序渐进地接受文化知识教育。如果因为各种原因，如没有很好的环境或错过了时机，还能不能学好并取得成就呢？答案是可以的，所谓大器晚成是也。北宋著名文学家苏洵到27岁才开始发愤读书，他的妻子也理解并支持他。他起步晚，但进步快，与长子苏轼和次子苏辙一起，史称为"三苏"。唐宋八大家里苏氏一家就占了三位，这就很了不起！

彼既老[1]，犹[2]悔迟，尔[3]小生[4]，宜早思。

【注释】

[1]既老：已经大了。老，指年龄已大。[2]犹：尚且。[3]尔：而你们。[4]小生：青少年。

【译文】

苏老泉年老虽有成就，还是后悔当初年轻时没有早早学习，而你们年纪轻轻，更应当把握大好时光，发奋读书以自立。

【解读】

苏洵到二十七岁才省悟读书的重要性，后来仍然功成名就。可见，只要想学习，什么时候起步都不晚。关键在于，是否意识到读书的意义所在，是否将意志付诸行动。

若梁灏[1]，八十二，对大廷，魁[2]多士。

【注释】

[1]梁灏：宋朝人，一说他八十二岁才中状元，另说他二十三岁时登第。[2]魁：为首，第一。

【译文】

宋朝梁灏，八十二岁时才中状元，在朝廷大殿上对皇帝提出的问题对答如流，所有参加考试的人都不如他。

【解读】

梁灏，字太素，北宋郓州须城人，曾参加后晋、后汉、后周和北宋初年的几次科举考试，都落了榜。后留居京城。曾进谏宋太宗选拔人才要注重治国治民的才能，不能单凭作诗赋词，未被采纳。雍熙二年，时年八十二岁的他考取状元，上朝进谏对答如流，受宋真宗的赏识。群臣参奏，也愿意请教梁灏作参议。

彼既成^[1]，众称异^[2]，尔小生，宜立志^[3]。

【注释】

[1]既成：已获成功。[2]异：惊讶，惊奇。[3]宜立志：应该早立大志，用功读书。

【译文】

梁灏年纪这么大了尚且获得成功，大家都啧啧称奇，敬佩他好学不倦。我们现在还年轻，当早立定志向，用功努力，定能前途无量。

【解读】

要想让自己成为一个强者，首先应立定目标，然后努力朝着目标前进。努力学习，用知识把自己武装起来，没有什么力量比知识更强大而有力。

莹^[1]八岁，能咏^[2]诗，泌^[3]七岁，能赋棋。

【注释】

[1]莹：北魏人祖莹，八岁能作诗。[2]咏：吟唱。[3]泌：唐朝人李泌，七岁能以下棋为题作诗赋。

【译文】

北魏有个叫祖莹的人，八岁就能吟诗。唐朝有个叫李泌的人，七岁就能以"下棋"为题作诗赋。

【解读】

祖莹，字元珍，范阳人。他喜欢读书，八岁时就能背诵诗书，读书甚至达到痴迷的地步，熬夜点蜡烛读书，早上去学堂的时候课本都拿错了。老师教的《尚书》，他能一字不落地背下来，凭着勤奋好学成为一名大学士。七岁的李泌，才思敏捷，唐玄宗曾以"下棋"为考题让他作诗赋，当时燕国公张说还带头作了一首示范诗："方如棋局，圆若棋子。动若棋生，静若棋死。"谁知李泌也吟诗一首："方若行义，圆若用智。动若骋材，静若得意。"显然李泌的诗更高一筹。在后来的"安史之乱"中李泌也出谋划策，为平定叛乱立了功。

彼颖悟[1]，人称奇[2]，尔幼学，当效[3]之。

【注释】

[1]颖悟：聪颖有悟性。[2]人称奇：众人称为奇才。[3]效：效仿、学习。

【译文】

他们两个人的聪明和好学，令人们赞赏称奇，现在我们正值求学的开始，应当向他们看齐，好好用功读书。

【解读】

祖莹和李泌从小就很聪明，但是如果不努力，也会停滞不前。拥有智慧，更要运用智慧才智努力用功以求进步，才会有所成就。因为书读得越多而且思考得越多的时候，你就会越发清楚地发现你知道得还很少。

蔡文姬 [1]，能辨琴，谢道韫 [2]，能咏吟。

【注释】

[1] 蔡文姬：东汉著名文学家蔡邕之女蔡琰，字文姬，从小爱读书，精通诗赋、音律、辨琴声。[2] 谢道韫：晋朝著名女诗人，才思敏捷。

【译文】

东汉的蔡文姬能分辨琴韵好坏，晋朝的才女谢道韫能出口成诗。

【解读】

蔡文姬一生命运坎坷，但她博学多才，家有众多藏书。曹操也特别爱书，在一次闲谈中，曹操表示很羡慕蔡文姬家中藏书。当蔡文姬说原来家中所藏的四千卷书因战乱已遗失时，曹操深感遗憾。但蔡文姬又说她还能背出其中四百篇时，曹操又大喜过望。就这样，蔡文姬凭记忆默写出四百篇文章，可见蔡文姬的才情。蔡文姬博学多艺，善赋诗与辨音律，代表作有《胡笳十八拍》《悲愤诗》等。《悲愤诗》也是我国诗歌史上第一首自传体五言长篇叙事诗。在战乱时她被匈奴人掠走，后为曹操派使节接回。

"旧时王谢堂前燕，飞入寻常百姓家。"谢道韫就是对应"王谢之家"里面谢家的女子。小时候，她叔父让家里的孩子们对冬天里漫天雪花作诗，这是中国传统教育方法，触景生情以作诗，培养孩子对事物的敏感性。谢道韫吟道："未若柳絮因风起。"把漫天飘雪比作因风而起弥漫飞扬的柳絮，飘雪的动态表现得淋漓尽致。

彼女子，且聪敏，尔[1]男子，当自警[2]。

【注释】

[1] 尔：你们。[2] 当自警：应当自己有警醒。

【译文】

像这样的两个女子，尚且如此聪慧，堂堂男子汉更要时时警醒激励自己才是。

【解读】

在旧时封建社会，人们认为"女子无才便是德"。一个女孩子想要读好书、学好艺是不容易的，她们能辨琴声能作诗，更显得难能可贵。这两位才女的例子旨在激励男孩子要努力奋斗，以此作榜样。现在男女平等了，女孩子也能上学读书这是社会的进步。其实无论男女，都需要充实知识与提高修养，才能在社会立于不败之地。

唐刘晏[1]，方七岁，举[2]神童，作正字[3]。

【注释】

[1] 刘晏：七岁能作诗写文，是当时公认的神童。[2] 举：选拔，推举。[3] 正字：官名，主管校勘书籍。

【译文】

唐玄宗在位时期，有个叫刘晏的小孩子，才七岁就被推举为神童，做了负责校正文字的官。

【解读】

刘晏，字士安，自幼天资聪颖，才华横溢，名噪当时。八岁时唐玄宗封泰山因献《颂》，受封为太子正学，就是负责校正文字的官。唐玄宗问他能正出多少字来，刘晏说凡《四书》《五经》都能正，只一个"朋"字正不了。这句话一名双关：首先，朋友的"朋"字都是往左撇的，有点歪；其次，当时朝廷里很多人朋比作奸，朋党各执一辞，自然公正不了。刘晏说无法正"朋"字，说的就是这个意思。

彼虽幼，身已仕[1]，有为者[2]，亦若是。

【注释】

[1]身已仕：自己已经做官。[2]有为者：有作为的人。

【译文】

刘晏年纪虽小，但已经做官担当重任。要想成为一个有作为的人，只要勤奋努力也能成功。

【解读】

刘晏长大后，历任刺史、太守、户部侍郎、吏部尚书等。在职时期办成三件大事：改革漕运、改革盐政、改革财政体系，为百姓做了不少好事，成为一代名士，被称为中国历史上重要的理财专家。正所谓"成大计者，不可惜小费，凡事必为永久之虑"，表明他这个人处事极其有眼光，成大事的人不能算眼前小账，要有长久的考虑。

犬守夜，鸡司[1]晨，苟[2]不学，曷[3]为人。

【注释】

[1]司：管理。[2]苟：如果。[3]曷：如何，怎么。

【译文】

狗能替人看家守夜，鸡能给人报晓啼鸣，人如果不能用心学习，只会迷迷糊糊过日子，那有什么资格称为人呢？

【解读】

自然界赋予万事万物以本能和特质，如狗能看家、鸡会报晓。那么我们人类作为万物之首，又该如何呢？人是有灵性的、有思维能力的，自然赋予人的使命当然是学习并掌握各门知识，然后认识自然、管理自然。

蚕吐丝，蜂酿[1]蜜，人不学，不如物。

【注释】

[1]酿：酿造。

【译文】

春蚕吐丝，蜜蜂酿蜜，供人以用。而人要是不懂得学习，不能以自己的知识、技能来实现自己的价值，真不如这些动物。

【解读】

蚕辛苦吐丝以供衣料做衣服，蜜蜂勤劳酿制蜂蜜，以供人们食用。各种动植物都有自然赋予的份内工作要做。人要是不勤奋学习，不用学来的知识技能来创造价值，实现自己的价值，还真不如小动物。

幼而学，壮[1]而行[2]，上致君[3]，下泽民[4]。

【注释】

[1]壮：成年。[2]行：行事，指实践。[3]致君：辅助君主，报效国家。[4]泽民：泽，恩泽。泽民指官为一方，惠泽百姓。

【译文】

我们在年幼时勤奋学习充实自己，长大后才能学以致用，上能为国家效力，下能替人民谋福。

【解读】

学习知识的目的在于应用，只有运用了才体现知识的价值，否则放在肚子里只是存放知识的书架而已。如何学以致用，用学到的知识为人民服务？首要问题就是理论与实际相结合。用所学的知识来解答实际生活中遇到的实际问题，在实践中加以理解并推广应用。

扬名声[1]，显父母[2]，光于前，裕于后[3]。

【注释】

[1]扬名声：扬名于世。[2]显父母：使父母感到骄傲。[3]裕于后：指恩泽后人。

【译文】

既能声名远扬，给父母添荣耀、给祖先添光彩，也能惠及他人和后代。

【解读】

一个在自己的工作岗位上默默地对祖国、对人民、对他人奉献，自然会得到更多的回报和荣誉。无论是汽车兵雷锋，还是售票员李素丽，他们都在自己平凡的岗位上做出了不平凡的贡献。

人遗[1]子，金满籯[2]，我教子，唯[3]一经[4]。

【注释】

[1]遗：留下。[2]籯（yíng）：竹箱，竹筐。[3]唯：只有。[4]经：泛指四书五经等经书，这里指代《三字经》。

【译文】

别人留给子孙后代的或许是满箱金银财宝，而我教育子孙的只是这本《三字经》而已。

【解读】

中国老话说，"富不过三代"。做父母的再有钱，孩子从小天天锦衣玉食，消磨斗志，不思进取，又有什么用呢？钱总有用完的时候，到时一无所长什么也不会做，反倒害了他们。读书则不一样，书中自有修身、齐家、治国、平天下的道理，这才是取之不竭、用之不尽的财富。

勤有功，戏[1]无益，戒[2]之哉[3]，宜勉力。

【注释】

[1]戏：玩乐。[2]戒：防备。[3]哉：感叹词。

【译文】

凡是勤奋进取的人定有收获，贪玩除了浪费大好时光没什么益处，要以此为戒，勉励自己。

【解读】

本节列举了很多故事，反复讲了许多道理，只是告诉人们，凡是勤奋上进、积极进取的人都会收获成功。而贪玩、娱乐，享受，除了消磨时间，没有什么用处。浪费青春，浪费时光，将来后悔也于事无补了。

百家姓

　　《百家姓》是古代儿童开蒙要读的书之一，也是我国流行最长、流传最广的一种蒙学教材。《百家姓》是一本关于中文姓氏的书，最初的《百家姓》列出了四百三十八个姓，都是比较常见的，有单姓，也有复姓，四字一句，句句押韵，非常方便阅读和记忆。它的成书和普及要早于《三字经》，虽然它的内容没有文理，但易学好记，与《三字经》《千字文》一起成为中国古代蒙学中的固定教材，说明姓氏文化在中华传统文化中的重要地位。2009 年，《百家姓》被中国世界纪录协会收录为中国最早的姓氏书。

　　关于该书的作者，目前没有定论，一般认为是由北宋初年一个杭州人编著的。《百家姓》以"赵钱"开头，因为宋朝皇帝姓赵，而杭州是五代十国时期吴越国的都城，吴越王姓钱。自《百家姓》问世以后，成为古代儿童的必备启蒙读物，家喻户晓，代代流传，其中也有仿写、改编、增补，还有为它做注解的。《百家姓》在历史的衍化中，为人们寻找宗脉源流，建立血亲意义上的归属感，帮助人们认识传统的血亲情结，提供了重要的文本依据，是认识自我与了解家族来龙去脉不可缺少的文化蓝本。

　　一个简单的姓氏，我们能看到的不仅是历史、政治，还有文化与民俗的许多东西。中国人是世界上寻根意识最浓的族群，所以古人教育孩子，首先要让他知道自己姓甚名谁，一个人了解自己的根脉后才能更爱家爱国。如今的社会发展，使得家族形式和姓氏观念发生了很大变化。但是，让孩子了解我国独特的姓氏文化，仍是孩子早期教育中不可缺少的一部分。因为中国姓氏文化中蕴含的重宗族、重家庭的传统思想，能增强他们的家庭观念，能让他们与家人的感情维系更加紧密。另外，对扩大文化视野也是很有好处的，因为这些常识是中国传统文化的重要组成部分。

赵钱孙李 周吴郑王 冯陈褚卫 蒋沈韩杨

赵

【姓氏起源】

周穆王的车夫名叫造父，是嬴姓祖先伯益的后代，穆王出巡时经常是造父驾车。东南方的徐偃王起兵造反时，造父驾车日行千里，使穆王及时赶回都城，平定叛乱。造父驾车有功，周穆王把赵城赐给他，造父后代就以赵为姓。

【名人】

赵匡胤，即宋太祖，涿州（今河北涿县）人。原为五代后周时大将，后发动"陈桥兵变"，夺取政权，建立宋朝。在位期间，他加强中央集权统治，采取了不少有效措施结束了中国多年来混战割据的局面。

钱

【姓氏起源】

源自彭姓，是以官职命名的姓。相传彭祖为五帝之一颛顼玄孙的后代，彭祖之孙彭孚在朝任职钱府上士，掌管财政，遂以官职为氏。又一说彭祖姓篯名铿，其后裔去竹字头而改为钱姓。

【名人】

钱一本，江苏常州人，明朝易学家。官至御史。精通四书五经，曾与顾宪成在东林学院讲学。

孙

【姓氏起源】

一源起春秋时期卫武公的儿子名叫惠孙，其子孙后代以孙字为姓；二源起楚国贤臣孙叔敖之后；三源起齐国大夫田书攻伐莒国有功，被赐于孙姓。

【名人】

孙武，春秋末期著名军事家，著有《孙子兵法》。

孙中山，本名孙文，别名中山樵，世称中山先生，近代民主革命家，三民主义倡导者。

李

【姓氏起源】

中国人口最多的姓氏之一，起源于在尧舜帝期间担任掌管刑狱的理官皋陶，后裔以理为姓。其后代在殷纣王时期遭迫害流亡，出逃在外，以采食李子充饥，后改理姓为李姓。又唐朝皇帝李渊，李为国姓，在位期间封赏很多有功家族为李姓。

【名人】

李耳，即老子，春秋时期人。哲学家和思想家。道家学派创始人。

李世民，唐太宗，在位期间创立"贞观之治"。

李白，字太白，号青莲居士。唐朝诗人，有"诗仙"之称。

周

【姓氏起源】

周平王儿子姬烈封在汝州（今河南省），当地人称他周家，便以周为姓。后裔未改姓者在唐玄宗时期，因避讳"基"之讳，改姬氏为周姓。又有秦灭东周，将赧王贬为平民百姓，其家族亦称为周氏。

【名人】

周瑜，三国东吴大都督，与刘备联合，大破曹操八十万大军，赤壁之战创造以弱胜强的战例。

周树人，即鲁迅，伟大的文学家、思想家、革命家。早年曾留学日本学过医。后弃医从文，著有《呐喊》《彷徨》等著作，被誉为"中国的民族魂"。

周恩来，江苏淮安人。中华人民共和国成立后，为第一任国务院总理。

吴

【姓氏起源】

周太公古公亶父的长子太伯和次子仲雍，出奔江南建都于梅里（现江苏无锡），号勾吴国。后周朝建立，周武王灭商后封太伯的三世孙周章为诸侯，改国号为吴，后子孙以国名为姓。另支为古公之子虞仲的后代，虞古通吴，故为姓氏。另有在齐鲁一带的吴姓，多为吴季札之后。

【名人】

吴承恩，字汝忠，号射阳山人，明淮安山阳人。四大名著之一《西游记》作者。

郑

【姓氏起源】

源自姬姓，以国名为姓。据记载，周宣王封其弟姬友于郑国（在今陕西华县以东），是为郑桓公。桓公之子郑武公迁都于新郑，为春秋时的强国之一郑国。后战国时为韩国所灭。其子孙遂以原国名郑为姓。

【名人】

郑和，原名马三保，明朝云南昆阳人。曾先后七次下西洋，史称"郑和下西洋"。

王

【姓氏起源】

一源于商纣时期箕子和比干的后裔，在周武王灭商后，改姓为王。二相传古帝虞舜之后裔中有齐王田和。齐灭后，其后以王氏为姓。三源于秦灭六国后，战败国王族四处避难，散居天下，至汉代初，纷纷隐姓埋名，改姓为王。四源于南北朝时的西魏鲜卑族，复姓可颓氏一支后改为王姓。

【名人】

王羲之，字逸少，东晋临沂（现山东临沂）人。东晋书法家。善于草、隶、行、楷等。著有《兰亭集序》，被誉"天下第一行书"，其书法为历代书法家所敬仰，为后人称"书圣"。

冯

【姓氏起源】

源自于姬姓，以国为姓。据载，周武王灭商后，文王毕公姬高受封于冯城。其子孙于是以冯氏为姓。另有春秋时期，郑国大夫冯简子之后。

【名人】

冯谖，战国时期齐人，孟尝君门下食客之一。以"食无鱼、出无车、弹铗而歌"闻名，为孟尝君赏识而纳之。后为孟尝君在薛城收债，集债主烧其债券，使薛民感于孟尝君之德。

冯梦龙，字犹龙，又字子犹。江苏吴县人，明朝文学家。代表作有小说《警世通言》《喻世明言》《醒世恒言》，三言闻名于世。

陈

【姓氏起源】

周武王灭商后，封帝舜的后代胡公满（为妫姓）于陈国（现河南淮阳县），并将女儿嫁他以侍舜之后祠。后胡公之子孙遂以国名为姓。二源于鲜卑族改姓。南北朝时期，侯莫陈氏三字姓族人随孝文帝迁都洛阳后，改姓陈。三源于古代安南（现越南）国王陈姓后裔。

【名人】

陈胜，字涉，阳城（现河南登封）人。秦二世时期，天下之民，苦于秦政苛捐杂税，陈胜与吴广率兵起义，自立为楚王。

陈寿，晋朝人，历史学家，《三国志》的作者。

陈祎，法号玄奘，即唐僧。西去天竺国（现印度）取经并译得大量佛学著作，兴盛佛教。吴承恩以他的经历为蓝本，历经演绎，写成小说《西游记》。

陈圆圆，原名邢沅，字畹芬，后跟从养姥姓陈。姑苏名妓，吴三桂之妾。

褚

【姓氏起源】

一源于古有褚地，居其地者以为姓。二源于以官名为姓。殷商后人宋恭公的公子段食采于褚邑，其德可师，号曰褚师。后春秋时期设有褚师之官，遂以官名褚为姓。

【名人】

褚遂良，字登善，唐朝杭州钱塘人，善书法。唐高宗时期，被封为河南郡公，人称"褚河南"。官至尚书右仆射，因反对唐高宗立武则天为后，屡进谏屡被贬，后郁郁而终。与欧阳询、虞世南、薛稷并称唐初四大书法家。

卫

【姓氏起源】

一源于以国名为姓。周文王第九子封于康邑，人称康叔。周武王平定武庚之乱后，划殷民七族为康叔统治，康叔建立卫国（现河南淇县）。秦灭卫后，其后族遂以原国名卫为姓。二源于历史上鲜卑族姓氏所改，鲜卑族后人入中原有改姓卫者。

【名人】

卫青，字仲卿，平阳（现山西临汾）人，西汉军事家。汉武帝时之名将，伐匈奴屡有战功，官至长平侯。

蒋

【姓氏起源】

周朝周公旦之子伯龄受封于蒋国，被楚国灭后，其后裔遂以原国名蒋为姓。

【名人】

蒋介石，字中正，原名瑞元，学名志清，浙江省奉化县人。曾留学日本，回国后曾任黄埔军校校长、国民革命军第一军军长等职。后为中国国民党当政时期的党政军主要领导人。

沈

【姓氏起源】

周朝初周文王第十子季载，受封于沈（现河南平舆县）。后裔取国名为姓。二源于周朝之诸侯国沈国之后裔。

【名人】

沈括，字存中，北宋钱塘人（现浙江杭县）。代表作有《梦溪笔谈》《长兴集》等。

沈周，字启南，号石田、白石翁等。明代长洲（现江苏吴县）人，书法家。代表作有《石田集》《石田诗钞》《客座新闻》等。沈周、唐寅、文征明、仇英并称为明四大家。

韩

【姓氏起源】

周成王其弟叔虞之后代毕万受封于韩原（现陕西韩城），其后裔遂以韩为姓。二源于以国名为姓。战国期间，七雄之一的韩国，三家分晋之后，由周威烈王封为诸侯，建都阳翟（现河南新郑）。后韩国被秦灭后，其国族后裔有以韩为姓的。三源于北魏时大汗氏一支，后以韩为姓。

【名人】

韩非，号为韩非子。战国时期韩国诸公子之一。因进谏不受纳而苦读，后著作有五十余篇，文章出众，是唯物哲学、法家的集大成者。后秦王伐韩时，因受秦王赏识而遭李斯等人所谗，投狱而亡。

韩信，汉淮阴（现江苏淮安）人，军事家。留有大量的战术典故：明修栈道、暗渡陈仓、四面楚歌、十面埋伏等。擒魏灭赵、降燕伐齐，战绩辉煌，受封齐王。后高祖疑其背叛，于咸阳降封为淮阴侯，终被吕后所杀。

韩愈，字退之，唐河阳（现河南孟县）人。祖先世居昌黎，因以此自称昌黎韩愈，著有《韩昌黎集》《外集》等等。唐宋八大家之首，与柳宗元并称"韩柳"。

杨

【姓氏起源】

周武王封其弟叔虞于唐邑（山西翼城），其子姬抒后受天子周康王封为杨侯，后裔以国为姓。二源于五胡十六国时氐族姓氏，氐族有杨姓，世居仇池（现甘肃仇池山）。三源于北魏时期的莫胡芦氏所改。

【名人】

杨坚，即隋文帝，隋朝的开国皇帝。

杨业，原名继业，宋朝太原人，军事家。一生骁勇善战，降宋抗辽，后因受陷，援兵不至，被擒后三日不食而死。杨家后代一直为北宋王朝效力，守卫边疆，杨家将的忠勇故事也为后人流传。

杨振宁，安徽合肥人。毕业于西南联合大学，美国芝加哥大学博士，美籍华裔物理学家。历任芝加哥大学讲师、普林斯顿近代物理研究院研究员等职。1957年与李政道提出"弱相互作用中宇称不守恒"观点同获诺贝尔物理学奖。

朱秦尤许 何吕施张 孔曹严华 金魏陶姜

朱

【姓氏起源】

周武王封曹挟于邾地（现山东邹县）。后由楚宣王所灭，其后裔遂以原国名去阝（同邑）为朱姓。二源于北魏时鲜卑姓渴烛浑氏、朱可浑氏，随北魏孝文帝迁都洛阳后，改为朱姓。

【名人】

朱熹，南宋徽州婺源（现江西婺源）人，著名思想家、哲学家、理学家。代表作有《四书章句集注》《楚辞集注》等。所编、著、述之书甚多，明清时期科举，以朱熹所注《四书》为标准参照取士。

朱元璋，即明太祖，明朝开国皇帝。

朱自清，字佩弦，浙江绍兴人。毕业于北京大学，后赴英国伦敦大学深造。代表作有《背影》《经典常谈》等。历任清华大学中国文学系教授、系主任等职，专注于文学创作与研究。

秦

【姓氏起源】

周公旦之子伯禽受封于鲁国,后裔以公族大夫者食采于秦邑(现河南范县),以邑名秦为姓。二源于嬴姓之后伯益后裔孙非子,受周孝王封于秦,至秦灭六国,其子孙遂以国名为姓。三源于古代大秦(罗马帝国)商人秦论,由海路入达吴国,曾与孙权见面,后归吴国,入乡随俗。

【名人】

秦观,字少游、太虚,号淮海居士,北宋高邮(现江苏扬州)人。文学家、词人,官至太学博士,著有《淮海集》。

秦桧,字会之,宋江宁(现江苏南京)人。宋高宗时期为相,性格阴险,与金人相通,残忍有余,诬杀岳飞。

尤

【姓氏起源】

五代时期,王审之在福建称闽王。国民姓为闽者为避审(和沈同音)之音讳,去沈字三点水旁,改余下半字为尤姓。

【名人】

尤袤,字延之,号遂初居士。宋无锡人。年幼聪颖异常,后入太学,中进士。著有《遂初小稿》等,与杨万里、范成大、陆游并称为"南宋四大诗人"。

许

【姓氏起源】

周武王灭商后,伯夷后人文叔受封于许国,人称许文叔。春秋时期,受郑、楚等国所迫,几经迁都,后战国初期被楚国灭,其后裔遂有许姓。二源于传说中尧帝时期,贤人许由的后代。

【名人】

许慎，字叔重，汝南召陵（现河南郾城）人。东汉文字学家、经学家。著有《五经异义》《说文解字》等，其中《说文解字》是中国第一部研究汉字、分析字形和考究字原的著作，影响深远。

何

【姓氏起源】

周成王封其弟叔虞于韩，其孙韩王安，原居韩邑被秦国所灭后，子孙避难于江淮一带。江淮发音中，韩何音近，后遂变为何姓。二源于隋唐时期，康国为匈奴击败后迁至中亚，建立九个小国（安、曹、何、康、石、米、史、火寻、戊）。昭武九姓其中就有何氏。三源于汉代人何苗，本为朱姓，改为何姓，其后裔以何为姓。四源于元代有吐蕃宣慰使锁南和其子锁铭，受朱明王朝所赐为姓何。

【名人】

何进，字遂高，东汉南阳宛（现河南南阳）人。因异母妹妹被立为皇后而发迹得权，官至大将军。曾任镇压黄巾起义的总指挥，后因谋诛宦官，反被所害。

吕

【姓氏起源】

夏朝时的吕国，春秋被楚国灭后，其后裔以国名吕为姓。二源于北魏时比丘氏所改。

【名人】

吕不韦，战国时期秦国著名商人、政治家、思想家。著有《吕氏春秋》一书。原为商贾之人，后因有功，受秦庄襄王封相。又以有孕之姬献于庄襄王，生子即秦始皇。

吕布，字奉先，董卓义子，东汉九原人。他武艺超凡，勇冠三军，与王允联手除了董卓，拥兵割地，最终被曹操所擒杀。

吕留良，字庄生、用晦，又名光纶，号晚村、何求老人，清浙江石门县（现崇德县）人。明末清初思想家、诗人、评论家、出版家。生后因著作含有与反清复明思想，牵涉文字狱，被开棺戮尸，满门抄斩。

施

【姓氏起源】

一源于殷民七族之一。周朝周武王之弟康叔受封为卫侯，并分到了殷民七族，其中有施氏、陶氏、樊氏、繁氏等。施氏家族为制做旗帜的工匠世家。二源于以国名为姓。夏代诸侯国有施氏之国，现湖北省恩施县，其后有施氏。三源于鲁惠公之子名尾，字施父，其后裔以王父（祖父）之字为姓。

【名人】

施之常，春秋时鲁国人，孔子门弟。

施耐庵，兴化（现江苏兴化）人，元末明初作家。四大名著之一《水浒传》的作者。

张

【姓氏起源】

春秋时期晋国解张，字张侯，世代为晋国卿士，其后裔遂以字为氏即为张氏。二源于改姓。三国时魏国大将张辽原姓聂，后改姓张；又有三国时蜀国诸葛亮赐南方酋长龙佑那为张姓。三源于道教的盛行，道教自称源于黄帝，又盛行"黄帝赐姓张氏"之说，道教领袖有张角、张鲁等。四源于黄帝之孙姬挥，观孤星，始制弓箭，被封为弓正（官名），又称弓长，弓长二字合一为张，后以张为姓。

【名人】

张仪，战国时魏人。秦惠王之相，运用连横之策游说六国，使六国背叛"合纵"与秦国结盟。惠王卒后，其子秦武王即位，六国复"合纵"以背秦，张仪离秦赴魏相。

张良，字子房，韩国公子，汉初名臣，机智多谋、文韬武略。刘邦称他"运筹帷幄之中，决胜千里之外"。

张飞，字益德，一说翼德，三国涿郡（现河北涿洲）人。与关羽、刘备桃园三结义，官至车骑将军，封西乡侯。刘备伐吴时，出兵前为部下将领张达等所杀，谥号桓侯。

孔

【姓氏起源】

商纣王的庶史微子启受封于商丘，国号宋，人称宋微子，其后代中有叫孔父嘉之人，他的子孙因难逃到鲁国，这个家族后代诞生了孔子。二源于商汤始祖为契，子姓。孙成汤灭夏建商后，字天乙。其后裔取本姓子与字里的"乙"合为孔字以为姓。三源于春秋时卫国孔悝、陈国孔宁，郑穆公之后孔张，他们的后裔皆以王父字为姓。

【名人】

孔子，名丘，字仲尼，春秋时鲁国人。儒家文化思想的创始人，东方文化的代表之一。

孔融，字文举，东汉曲阜人，孔子二十世孙。建安七子之一，汉献帝时为北海相，人称孔北海。

曹

【姓氏起源】

古代曹姓后裔，周武王灭商后，当时受封的邾国（现山东邹县）被楚国灭后，其子孙或为朱姓，或为曹姓。二源于周武王灭商后，周文王十三子周武王其弟叔振铎受封于曹（现山东陶丘），被楚国灭后，其国人子孙以曹为姓氏。三源于少数民族昭武九姓（见何姓）之一。

【名人】

曹操，字孟德，东汉末年沛国谯县（现安徽亳州）人，即魏武帝。善诗文，文辞慷慨大气；通兵法，著有《孙子略解》《兵书接要》等。

曹植，字子建，曹操第三子，沛国谯县人。善文，以《七步诗》闻名，世称陈王或陈思王。曹植、其父曹操、其兄曹丕，合称"三曹"。

严

【姓氏起源】

源于避讳改姓。严姓本为庄姓，战国时期，楚王侣谥号为庄王，其后裔遂以庄为氏。东汉时，为讳避汉明帝刘庄之名讳，庄氏改为严姓。西汉庄光改为严光，魏晋时，有复本姓为庄者，遂有庄、严二氏之分。

【名人】

严复，原名宗光，字又陵，号几道。曾创办有天津《国闻报》，翻译《原富》《群己权界论》及《穆勒名学》《名学浅说》等书，系统介绍和传播了西方资本主义的文化，成为近代中国著名的启蒙思想家。

华

【姓氏起源】

春秋时期，宋戴公之子考父在华邑（现陕西华阴）为官，其后裔遂有华姓。

【名人】

华佗，字符化，也作华陀。东汉谯县（现安徽亳州）人。精通内外各科，尤为擅长外科，行医足迹遍及各地。曾用麻醉剂为病人动手术，又创"五禽之戏"之运动以强生健体。后因不服曹操征召而被杀。现亳州市还有"华佗庵"等遗迹。

金

【姓氏起源】

汉武帝时，匈奴王休屠太子磾曾事汉武帝，武帝把太子磾装扮成金色人参加祭天，并赐姓金，后裔以金为姓。二说南北朝时，朝鲜半岛的新罗国和北方的羌族都有金姓。三源于改姓。五代十国时，为避国王钱镠之镠（古音镠与刘相通）的音讳，吴越人改刘姓金。

【名人】

金圣叹，名采，字若采，明末清初文学家与评论家。性情桀骜，文风怪诞，不求功名，以评天下才子书为己任，评有《离骚》《庄子》《史记》《杜诗》《水浒》《西厢》六书。

金岳霖，字龙荪，湖南长沙人。中国哲学家、逻辑学家。著有《逻辑》、《知识论》等。毕业于清华大学，后留学美国。回国后加入中国共产党，曾任中国逻辑学会会长一职。

魏

【姓氏起源】

春秋时，毕公高之后裔毕万，在晋国为大夫，后毕万之裔孙魏斯与赵、韩三家分晋，魏斯建国安都于安邑（现山西夏县），为战国七雄之一魏文侯。为秦所灭后，族人以原国名为姓。二源于秦国穰侯魏冉，原为芈姓，后改姓魏。

【名人】

魏无忌，信陵君。魏昭王幼子、魏安厘王之同父异母弟，战国时期魏国著名的军事家。性情仁厚，贤德好才，声名天下。

陶

【姓氏起源】

上古有陶唐氏（尧帝）居于陶邑，其后裔有陶姓。二源于以官为姓。周武王弟康叔受封为卫侯时，分到殷民七族中有陶氏一族，负责制作陶器。又有周朝初年，虞阏之父虞思为陶正，为负责陶器制作的官职，其后遂有陶姓。

【名人】

陶渊明，名潜，字元亮，号五柳先生，陶侃的曾孙，东晋浔阳柴桑（现江西九江）人。东晋诗人、辞赋家。曾作《五柳先生传》以自比，安贫乐道，人称靖节先生，诗名甚高。

姜

【姓氏起源】

神农（炎帝）生于姜水，故以姜为氏。二源于姜太公（姜尚），他受封于齐国，后被田和灭，子孙后裔分居各地，遂以姜为姓。三源于炎帝后代邰氏之女姜嫄。

【名人】

姜嫄，或作姜原，传说中有邰氏之女，黄帝曾孙帝喾元妃，踩巨人足迹而生后稷。

姜夔，字尧章，别号白石道人，宋鄱阳（现江西鄱阳）人。精通音律，谱曲赋诗，尤以词甚。著有诗集、词集、歌曲等。其词字斟句酌，词风清丽婉约。

戚谢邹喻 柏水窦章 云苏潘葛 奚范彭郎

戚

【姓氏起源】

春秋时卫国大夫孙林父受封于戚邑（现河南濮阳），其后遂以戚为氏。

【名人】

戚继光，字元敬，号南塘、孟诸，汉族，山东登州人，也说蓬莱人。明代将领、军事家。著有《止止堂集》等。好读书，通经史，历任浙江参将、福建总兵官等职。其中以平倭寇最为有功。

谢

【姓氏起源】

周宣王舅父申伯受封于谢国（现河南唐河），后代遂以国名谢为姓。二源于鲜卑族直勒氏，后改为谢姓。

【名人】

谢安，字安石，东晋阳夏人。始为桓州司马，后淝水之战征讨克敌有功，世称谢太傅。

谢玄，字幼度，谢安侄子，阳夏人，东晋名将。具才略，淝水之战以精锐八千破秦百万大军，封为康乐县公，谥号献武。

谢灵运，小名客儿，人称谢客，袭封康乐公，又称谢康乐，东晋名将谢玄之孙。少好学，工书画，好山水，好咏诗，山水派风格诗的开创者，诗人。

邹

【姓氏起源】

春秋初期鲁国的附庸国邾娄国，战国时鲁穆公把邾娄改为邹。

后为楚国灭，其后裔有以邹为姓。二源春秋时宋愍公之后，正考父在邹邑为官，其后遂有邹姓。

【名人】

邹衍，号"谈天衍"。战国时期齐国哲学家，阴阳五行学说家的代表人物。

喻

【姓氏起源】

西汉苍梧太守通谕猛的后裔改姓为喻，其子孙遂沿用喻姓。

【名人】

喻皓，宋代建筑学家，著有《木经》，一部关于房屋建筑方法的手册，也是我国历史上第一部木结构建筑著作，是木建筑史的重要文献。

柏

【姓氏起源】

春秋时有柏国被楚国灭后，其子孙以国名为姓。二源于柏翳驯服鸟兽有功，舜赐嬴姓。柏翳就有了两个姓，即柏姓和嬴姓，其子孙后代也形成了两支，其中一支是为柏姓。

【名人】

柏高，神话传说中的人物。华山青水之东，有山名曰肇山，有人名曰柏高，柏高上下于此，至于天。

柏丛桂，明朝洪武时人，他上书朝廷建议筑淮堤以防水患。明太祖朱元璋采纳了他的建议，在淮扬一带修建河堤、槐楼，大功告成后，乡人称为柏家堰。

水

【姓氏起源】

源于以水为姓，是中国比较晚出的姓氏之一。又源于大禹治水有功，其子孙后代很多做了水官，后遂以水为姓。

【名人】

水德，即共工，相传为水姓之祖，古代神话传说中人物，后水官亦称共工。

水乡漠，字禹陈，明朝浙江鄞县人。万历时期进士，后调至丹阳为官，当地多灾害，他责任心强，因生产救灾而操劳成疾，吐血而亡，令人痛惜。

窦

【姓氏起源】

夏朝时，夏帝相失国被杀。其怀孕的妃子，从窦（墙洞）中逃出，后生子少康。后少康之子中兴成为夏王。少康二子杼、龙，为纪念祖母逃难，遂以窦为姓。

【名人】

窦太后，名漪，河北清河郡观津人。吕后时被选入宫为诸侯王宫女，受代王刘恒喜欢，生刘启和刘武。窦姬信奉黄老之学（主张无为而治，宽政待民）。在她的影响下，历经文景二朝，黄老思想为治世的主流思想。

窦宪，字伯度，窦融之曾孙，东汉平陵人。曾出塞三千里破匈奴，班固作铭刻功德于石燕山上，后因专权，被和帝赐死。

章

【姓氏起源】

齐太公（姜尚）支孙封国于郭（现山东章丘），被齐国灭后，其子孙去邑旁，以章为姓。

【名人】

章邯，秦代名将，曾与项羽战于巨鹿及棘原，后被汉将韩信灭。

章学诚，字实斋，清会稽（现浙江绍兴）人。清代史学家、方志学家。著有《文史通义》《校雠通义》《史籍考》等。

章炳麟，号太炎，清末浙江余杭人。民主革命家、思想家、学者。著有《文始》《国故论衡》等。对文字声韵、经学诸子都有精深研究。晚年居苏州，成立章氏国学讲习会，从事讲学。

章士钊，字行严，湖南善化（现湖南长沙）人。曾创刊办报，赴日本、英国留学。历任北京大学教授、护法军政府秘书长、北京农业大学校长等职。新中国成立后，任全国人大常委、全国政协常委、中央文史研究馆馆长等职。

云

【姓氏起源】

源于以地名为姓。传说颛顼后裔祝融在喾帝时任火正，居于妘，后代遂以去掉女子旁的云为姓。

苏

【姓氏起源】

周武王时，司寇忿生受封于苏国，人称苏忿生，后春秋时，苏国被狄人灭，其子孙遂以国名苏为姓。二源于鲜卑族复姓所改。南北朝时，北魏复姓拔略氏，随魏孝文帝迁都中原洛阳后，改为苏姓。

【名人】

苏武，字子卿，西汉杜陵（现陕西西安）人。著有《诗四首》《答李陵诗》《别李陵》等。武帝时，曾出使匈奴，被降不屈，拘十九年。后昭帝时，匈奴与汉和亲，得以还。

苏轼，字子瞻，又字和仲，号"东坡居士"，苏洵长子，北宋眉州（现四川眉山）人。北宋文学家、诗人，唐宋八大家之一，豪放派词人代表。著有《东坡集》、《东坡词》等。诗词雄浑豪放，清疏隽逸，旷达婉约。

潘

【姓氏起源】

周文王后毕高公之子季孙，食邑于潘，其子孙遂以邑名为姓。二源于芈姓。楚成王时，任世子商臣之太师为潘崇氏也，其后裔以潘为姓。三源于鲜卑族复姓所改。南北朝时，北魏复姓拔略罗氏，随魏孝文帝南迁都中原洛阳后，改为潘姓。

【名人】

潘安，字安仁，西晋中牟（现河南中牟）人。为文词藻华美，擅长哀诔，著有《悼亡诗》等。"潘安再世"、"貌若潘安"等均是对潘安美貌的赞美之词。

潘美，字仲询，宋初名将。与石守信南征北伐中，皆有战功，受封为韩国公，谥号武惠。

潘耒，清初学者，博涉经史，通声韵之学。曾纂修《明史》。

葛

【姓氏起源】

夏代的诸侯国葛国（现河南长葛），葛国国君封为葛伯，其后人遂以葛为姓。二源于鲜卑族复姓所改。南北朝时，北魏复姓贺葛氏，随魏孝文帝南迁都至中原洛阳后，改为葛姓。又传说在伏羲之前，有葛氏，为古葛天氏之后裔。

【名人】

葛洪，东晋道教理论家、医学家、炼丹术家。自号抱朴子，好神仙导养之法，对化学、医学的发展有一定贡献，著有《抱朴子》等。

葛优，北京市人，葛存壮之子。曾出演影视剧多部，表演风格冷峻中见幽默，平实中见功夫。

奚

【姓氏起源】

奚（xī）姓源出有二：一源于任姓，起源于夏代，是黄帝的后裔奚仲之后，以祖（地）名字为氏。二源于中国古代北方少数民族。据《路史》载：鲜卑族拓跋氏之后有奚氏。又据《魏书·官氏志》载："薄奚氏、达奚氏均为改奚氏。"

【名人】

奚荣蒇，字子皙，春秋末年卫国人，孔子的学生之一。《史记正义》谓为卫国人。唐开元封"下邳伯"，宋封"济阳侯"。

范

【姓氏起源】

尧帝后裔刘累之后杜伯被周宣王所杀，其子逃奔晋国担任士师。杜伯曾孙士会，在范邑（现河南范县）为官，人称范武子，其子孙后人遂以范为姓。

【名人】

范蠡，字少伯，即陶朱公，越国大夫，春秋末年楚国宛人。和文种一起辅佐越王允常，勾践继位后，受用为谋臣。吴灭越后，随勾践在吴国当了三年大臣。

范雎，字叔，魏国人，战国时策士。因以远交近攻策略游说秦昭王成功，官拜秦相，封应侯。

彭

【姓氏起源】

商代有个叫大彭的诸侯国（现江苏徐州），其后人是以国名彭为姓。另说大彭即为彭祖。二源于古代少数民族的姓氏所改。西羌、南蛮皆有彭姓。

【名人】

彭祖，尧帝臣子籛铿。相传为帝颛顼之孙，活了七八百岁。因受封于彭城，人称彭祖。

彭蒙，田骈之师，战国齐的隐士，思想与庄子相近。

彭越，字仲，昌邑人。汉初功臣。辅佐高祖定天下。后因被告谋反而被刘邦诛杀三族。

彭德怀，湖南湘潭人，中华人民共和国开国元帅之一，无产阶级革命家、军事家、政治家。

郎

【姓氏起源】

源于以地名为姓。春秋时鲁懿公之孙费伯，筑郎城（现山东曲阜）以居，其后遂有郎氏。二源于历史上南匈奴的姓氏。

【名人】

郎士元，字君胄，唐代定州人。善写诗，与钱起齐名，人称"钱郎"，官至郢州刺史。

郎静山，浙江兰溪人。以自创摄影集锦闻名于世，著名摄影家。十三岁开始学习摄影，后成为中国第一名摄影记者，创造了中国摄影史上很多第一：第一位人体拍摄者，第一位摄影课程教师，第一位入选国际摄影沙龙的中国摄影家。

鲁韦昌马 苗凤花方 俞任袁柳 酆鲍史唐

鲁

【姓氏起源】

源于以国名为姓。周公旦之子伯禽受封于鲁国（现山东），后至鲁顷公时，被楚国灭，其子孙后人遂以国名为姓。

【名人】

鲁仲连，战国时齐国人。秦军围赵时，他曾以利害关系，游说赵平原君，劝其尊秦昭王为帝。

鲁肃，字子敬，东城人（现安徽定远）。东汉末年东吴著名军事统帅，个性严谨，深谋远虑，有过人之明。

韦

【姓氏起源】

源于以国名为姓。夏朝少康中兴帝之后元哲，在封地建韦国，被商朝灭后，其后裔遂以韦为姓。二源于汉代疏勒国的韦氏。豕韦国（现河南滑县）之后也有韦氏。三说秦汉之际，韩信曾为避仇，取韩字的半边韦为姓。

【名人】

韦庄，前蜀杜陵（现陕西长安）人。著有《浣花集》《秦妇吟》等。唐末进士，王建据蜀称帝时，蜀国制度皆韦庄所定，官至吏部尚书，谥号文靖。

昌

【姓氏起源】

一源于有熊氏，出自远古黄帝之子昌意，属于以先祖名字为氏。黄帝令昌意娶蜀山氏女昌仆为妻，生子颛顼，颛顼后为部落首领，建都帝丘（今河南濮阳），为高阳氏。颛顼帝（高阳氏）支子以祖父昌意之字命姓，遂成昌姓。二源于妊姓，出自远古黄帝之子任，属于传承先祖之姓。分自妊姓的昌氏人家，后来主要繁衍于河南的汝南和山东与江苏交界的东海一带。据史籍《万姓统谱》的记述，中国的昌氏族人要数岭南地区最多，就是今两广地区，当为五代战乱时期迁徙而致。三源于改姓。

【名人】

昌豨，三国魏徐州太守。"曹操五攻昌霸不下，四越巢湖不成"见《后出师表》。

马

【姓氏起源】

源于以邑名为姓。赵国大将赵奢因战功，受赵惠文王封于马服（现河北邯郸），人称马服君。其后以马服为姓，后简化为马姓。二说元朝的月乃和，因祖为金国马步指挥使，后改姓马。三源于元明时期，回族伊斯兰教徒多启用马姓。

【名人】

马援，字文渊，东汉茂陵（现陕西兴平）人。著名军事家，东汉开国名将，人称伏波将军。

马超，字孟起，茂陵人，蜀汉昭烈帝刘备的五虎上将之一。

苗

【姓氏起源】

楚国若敖之乱中，楚大夫伯棼被杀，其子贲皇逃到晋国，受封于苗邑（现河南济源），其后人子孙遂以邑名苗为姓。

【名人】

苗发，唐代潞州壶关人。擅作诗，与卢纶、司空曙、钱起等九人齐名，合称"大历十才子"。

凤

【姓氏起源】

据《左传》云，高辛帝时，凤鸟氏为历正（掌管历法的官），盖以职事为氏。一说，凤氏即为风氏。

【名人】

凤翕和，字邻凡，明朝吴县人，崇祯年间，任汉阳通判，曾组织民众与张献忠抗衡。

花

【姓氏起源】

《通志·氏族略》载："花氏出《姓苑》，出自何氏。"《百家姓》注：花姓"系出华氏，古无花字，通作华。后专用花为花草之花，故华姓亦有改为花姓者。"

【名人】

花惊定，唐代将领。骁勇过人，唐肃宗上元年间段子璋在蜀地反叛，当时崔光运为成都尹，花惊定为牙将，讨平段子璋叛乱。

方

【姓氏起源】

相传周宣王大臣姬发叔，为黄帝后裔方雷氏，其子孙后代取方为姓。

【名人】

方腊，北宋末年农民起义军领袖。

方孝孺，明代建文帝之忠臣，宁海人。明代学者、文学家。著有《侯成集》《希古堂稿》等。官侍讲学士，以明王道、致太平为已任。后因拒写燕王朱棣即位诏书而被杀。

方苞，字凤九，号灵皋，清安徽桐城人。清代散文家，著有《望溪文集》等。桐城派散文的创始人，与姚鼐、刘大櫆并称"桐城三祖"。

俞

【姓氏起源】

黄帝时，有医术高超的神医俞跗，主管医药，医术高超，懂得使用"割皮解肌，洗涤五脏"等外科手术方法，几乎已到达现代医学的水准和境界，据说他还注释推广《素问》，其后人遂以其名俞为姓。

【名人】

俞琰，宋末元初文学家，以词赋闻名。著有《周易集说》《易图纂要》等。

俞山，字积之，号梅庄，明代大臣，浙江省秀水人。官至吏部左侍郎。著有《梅庄集》。

任

【姓氏起源】

任姓是中国最古老的姓之一。源于以国名为姓。黄帝后裔愚阳受封于任邑，建任国，其后有任姓。

【名人】

任昉，字彦升，南朝梁博昌（现山东博兴）人。著有《杂传》《地记》等。武帝时在义兴、新安为太守，颇有政绩。

袁

【姓氏起源】

周朝时陈侯胡公妫满，其裔孙庄伯生诸，字伯爰。伯爰之孙涛涂以王父字为氏，称爰涛涂，因袁也作辕、爰，亦称袁涛涂，其后有袁姓。

【名人】

袁绍，字本初，东阳汝阳（现河南商水）人。东汉末年群雄之一，官至大将军、太尉，封邺侯。曾起兵讨董卓、据河北与曹操战，败后发病而亡。

袁崇焕，字元素，明东莞人。万历年间进士，曾以御清兵之战绩，官至佥都御史，巡抚辽东。崇祯年时，为兵部尚书兼右副都御史，后遭人谗言而被磔刑。

柳

【姓氏起源】

春秋时，鲁孝公之后展禽曾任鲁国士师，受封邑于柳下。其后人子孙遂有柳姓。

【名人】

柳宗元，字子厚，河东（现山西永济）人，故亦称为柳河东。著有《柳河东集》《龙城录》等，唐代文学家。与唐代韩愈、宋代欧阳修、苏洵、苏轼、苏辙、王安石和曾巩，并称"唐宋八大家"。

柳敬亭，名逢春，原姓曹名永昌，字葵宇，秦州人。明末清初著名评话艺术家。善说书，让人乐于聆听，驻足忘返。

酆

【姓氏起源】

周朝初年，周武王封十七弟于酆国，世称酆侯。周成王时被废，酆国后代即以国名为氏。

鲍

【姓氏起源】

春秋时，夏禹后代敬叔到齐国出任大夫，受齐侯之封于鲍邑。人称鲍敬叔，是以鲍为姓，其子鲍叔牙，曾孙鲍国。二源于为鲜卑族复姓所改。南北朝时，北魏复姓俟力伐氏，随魏孝文帝南迁都中原洛阳后，改为鲍姓。

【名人】

鲍叔牙，春秋齐大夫。少与管仲交友，知管仲贤。后鲍叔牙辅佐齐桓公，把管仲推荐给桓公，辅佐桓公成就霸业。

鲍照，字明远，祖籍东海，久居建康（今南京），南朝文学家。他长于乐府诗，著有《拟行路难》《鲍参军集》等。

史

【姓氏起源】

源于周太史佚之后，史乃官名，佚亦作逸，史佚也称"册逸"，主要负责纪录天子言行。其后人遂以史为姓。史佚与姜太公、周公、召公，世称为四圣。二源于昭武九姓之一（见何姓）。史国故址在乌兹别克斯坦的撒马尔罕以南。

【名人】

史思明，本名窣干，思明为唐玄宗所赐名。唐朝宁州夷人，突厥族。杀安禄山之子安庆绪而自立为燕皇，不久被其子史朝义所杀。

史可法，字宪之，一字道邻。明代祥符（现河南开封）人。崇祯年间进士，官至南京兵部尚书。谥号忠正。

唐

【姓氏起源】

源于尧初陶唐之后。舜封尧之子丹朱为唐侯，是以为唐姓。至夏时，丹朱后裔刘累迁至鲁县，至周朝改为唐公。周成王灭唐，封其弟叔虞以唐地，号曰唐叔，是以唐为姓。

【名人】

唐君毅，四川宜宾人。中国近代哲学家。著有《中国哲学原论》《生命存在与心灵境界》《人文精神之重建》《人生之体验》等。毕业于中央大学哲学系，曾任教于四川大学、华西大学、金陵大学等。

费廉岑薛 雷贺倪汤 滕殷罗毕 郝邬安常

费

【姓氏起源】

春秋时鲁懿公之孙，受封于费邑（现山东费县），其子孙遂以邑名费为姓。二源于鲜卑族复姓所改。南北朝北魏复姓费连氏，随魏孝文帝南迁都中原洛阳后，改为费姓。

【名人】

费祎，字文伟，刘备时任舍人，庶子。三国时江夏人。曾任黄门侍郎、尚书令、大将军等职，受诸葛亮器重，多次出使吴国。

费丹旭，字子苕，号晓楼，别号环溪生、环渚生，乌程（现浙江湖州）人。清代画家。代表作有《东轩吟诗图》《果园感旧图》等。

廉

【姓氏起源】

颛顼的孙子有叫大廉的人，其后子孙遂有以他名字中的廉字为姓。

【名人】

廉颇，战国时赵国大将军，曾多次带兵打败齐、魏等国的军队，以骁勇善战闻名于诸侯。

廉布，字宣仲，号射泽老农，楚州山阳（现江苏省淮安）人，宋代画家。官至武学博士，善画山水，尤工枯木丛竹、奇石松柏。

岑

【姓氏起源】

周武王的堂弟姬渠受周武王封于岑邑，为诸侯，人称岑子，后建岑国，其子孙后代遂有以岑为姓。

【名人】

岑彭，字君然；南阳棘阳（现今河南南阳）人。著名东汉将领，"云台二十八将"之一。

岑参，唐朝著名诗人，官拜刺史。工于诗歌，长于七言歌行，善于描写边塞风光、军旅生活以及少数民族的风俗文化。

薛

【姓氏起源】

奚仲居于薛国，后为楚国所灭。其后遂以原国名薛为姓。二源于孟尝君曾受封于薛，秦灭六国后，子孙遂以薛姓。三源于鲜卑族复姓所改。南北朝时北魏复姓叱干氏，随魏孝文帝南迁都中原洛阳后，改为薛姓。

【名人】

薛仁贵，名礼，唐绛州龙门（现山西河津）人。善骑射，所向披靡，曾随太宗征辽东，随高宗征高丽、契丹、突厥，立奇功，受封平阳郡公。

雷

【姓氏起源】

古诸侯国有方雷氏，其后裔分为方氏和雷氏。神话传说黄帝之妃中就有方雷氏之女。

【名人】

雷万春，唐代人。安史之乱时，从张巡守雍丘，抗安禄山军，万春立于城上，中六箭，仍坚守不动。城陷后，与张巡不屈而死。

雷锋，湖南省长沙人，伟大的共产主义战士，家喻户晓的全心全意为人民服务的楷模。毛泽东主席曾亲笔为他题词"向雷锋同志学习"，并把3月5日定为学雷锋纪念日。

贺

【姓氏起源】

春秋时齐桓公之孙公孙庆克，其子庆封以父名为姓，其后裔有庆纯。在汉安帝时，为避汉安帝之父清河王刘庆的名讳，庆纯遂取与庆义同的贺字为姓。故后代子孙有贺姓。二源于鲜卑族复姓所改。南北朝时北魏复姓贺兰氏，随魏孝文帝南迁都中原洛阳后，改为贺姓。

【名人】

贺知章，字季真，号四明狂客，唐越州永兴（现浙江萧山）人。著有《回乡偶书》脍炙人口。其诗文以绝句见长，诗风淡雅隽永、清新潇洒。

倪

【姓氏起源】

周武王封曹挟在邾，邾文公封其子肥于郳，郳国是为小邾国。战国时被楚国所灭，其后遂为郳氏。后为避仇，其后裔去阝旁加人字旁为倪氏。

【名人】

倪瓒，字元镇。元朝江苏无锡人。著有《清閟阁集》。善画山水，多为水墨之作。与黄公望、吴镇、王蒙并称为元末四大家。

倪元璐，字玉汝，号鸿宝，浙江上虞人，明代忠臣。著有《倪文贞集》。能诗文，善行草，画山水、竹石。官至户部尚书。

汤

【姓氏起源】

尧舜禹汤，成汤建立商王朝。其后子孙遂以汤为姓。

【名人】

汤显祖，明江西临川人。著有《紫钗记》四种，并称《玉茗堂四梦》或《临川四种曲》，词句生动，取材妙佳。万历进士，官至礼部主事。

滕

【姓氏起源】

周武王灭商后，其十四弟错叔绣受封于滕（现山东滕县），建滕国，后被灭亡。其子孙遂以原国名滕为姓。

【名人】

滕文公，战国时滕国的贤君，世称元公，他与孟子是同时代人。做世子时就非常注重治国之道，寻求强国富民之策。他奉命出使楚国时，得知孟子在宋国，回国时途经宋国，曾两次向孟子请教治国的道理。

滕胤，字承嗣，三国时吴人。孙权称王之后，滕胤被封都亭侯，孙亮继位之后，滕胤出任太常、卫将军。

殷

【姓氏起源】

周武王灭商后，商朝之子孙散居四地，其后遂以原国号殷为姓。

【名人】

殷浩，字深源，晋陈郡长平（现河南西华）人。识度清远，盛有美名。著有《唐书经籍志》《隋书志》等。官至建武将军。

殷希彭，河北省安国县人，曾获日本东京庆应大学病理学博士学位，后回国加入中国共产党。解放战争时期，任华北军区卫生部副部长兼华北人民政府卫生部部长。中华人民共和国成立后，任华北军区卫生部部长兼医学院院长。编著有《病理学讲义》、《病理学实习手册》。

罗

【姓氏起源】

周代有罗国，春秋时被楚国所灭，国人以原国名罗为姓。二源于唐朝时，西突厥可汗斛瑟罗入中国，其子孙后以斛瑟罗为氏，改为罗姓。三源于鲜卑族复姓所改。南北朝时北魏复姓破多罗氏，随魏孝文帝南迁都中原洛阳后，改为罗姓。四源于清代皇族爱新觉罗氏，后代有改姓罗。

【名人】

罗贯中，名本，字贯中，号湖海散人，元末太原人。元末明初著名小说家，著有《三国演义》。

罗隆基，字努生，江西安福人。中国近代政治活动家，爱国民主人士。留学美国哥伦比亚大学并获哲学博士学位。曾任中华人民共和国政务院委员、第一届全国人民代表大会代表，中国人民世界和平大会宣传部长等职。

毕

【姓氏起源】

周文王第十五子姬高受封于毕邑（现陕西咸阳），世称毕公高，其子孙后代遂以毕为姓。二源于鲜卑族复姓所改。南北朝时，北魏有复姓出连氏，随魏孝文帝南迁都中原洛阳后，改为毕姓。

【名人】

毕昇，湖北英山人。北宋发明家。发明胶泥活字印刷技术。

毕淑敏，女，从事医学工作20年后，开始专业写作。曾获当代文学奖、解放军文艺奖、青年文学奖等各种文学奖项。国家一级作家。

郝

【姓氏起源】

商王帝乙时，子期受封于郝乡（现山西太原），其子孙后以邑名郝为姓。二源于唐朝时，南方土蛮有郝、杨、刘三大姓。

【名人】

郝隆，字仕治，东晋名士，博学有名。官至南蛮府参军。"郝隆晒书"表示人腹中装书，很有学问。

邬

【姓氏起源】

春秋时，晋国有大夫祁臧受封于邬邑，其后遂有邬姓。又有晋国司马弥牟为邬郡大夫，其后有邬姓。

【名人】

邬单，春秋时人，孔子72弟子之一。

邬彤，唐朝书法家，人称"寒林栖鸦"。擅写草书，师从怀素。

安

【姓氏起源】

东汉灵帝时，西域安息国太子安清，来当时的京城洛阳，潜心学佛，后定居洛阳，以安为姓。至南北朝时，又有安息世子来中国定居，亦为安姓。二源于鲜卑族复姓所改。南北朝时北魏复姓安迟氏，随魏孝文帝南迁都中原洛阳后，改为安姓。三源于西域时安国，在今乌兹别克斯坦布哈拉一带，曾一度由唐朝管辖，唐高帝时归附中原，后为安姓。又有唐朝胡人安禄山本姓为康，后改为安姓，其后遂以安姓。

【名人】

安期生，一名安期，人称千岁翁、安丘先生，秦琅琊（现山东诸城）人。师从河上公，重视个人修炼，得黄老哲学与仙道文化之传。

常

【姓氏起源】

周武王灭商后，周文王子康叔封其子于常邑，其子孙后遂以常为姓。二源于避讳而改。春秋时楚国公族恒惠公之后有恒氏，为避宋真宗赵恒之名讳，取常和恒义同，改为常姓。

【名人】

常遇春，安徽怀远人。明代开国将领，生得体伟勇力，猿臂善射。元末曾参加起义，后随朱元璋南征北战，屡获战功。明洪武年间北征元上都，俘元宗王与将士万名。后于回师途中，暴病而卒。

乐于时傅 皮卞齐康 伍余元卜 顾孟平黄

乐

【姓氏起源】

春秋时，宋国国君宋戴公之子名衎，字乐父。乐父孙子后以祖父字乐为姓，遂有乐姓。

【名人】

乐毅，战国时燕国著名军事将领，曾统帅燕国等五国联军攻打齐国，连下70余城，创造了中国古代战争史上以弱胜强的著名战例。其作战指导方略和政治思想对当时和后世都有着重要影响。

乐进，字文谦，三国时魏国曹操猛将。擅打仗，投奔曹操，后跟随曹操讨吕布，攻张绣，战袁绍，多有战功。与张辽共破孙权。

于

【姓氏起源】

周武王第三子受封于邘国，世称邘叔，其后子孙去阝旁为于，遂有于姓。二为鲜卑族复姓所改。东海于公裔孙，随魏孝文帝南巡迁都中原洛阳后，改为于姓。三源于唐代淳于氏，为避唐宪宗李纯名讳（音同淳），改为于姓。

【名人】

于成龙，字北溟，号于山，清山西永宁（现山西离石）人。官至两江总督，以卓著政绩和清廉刻苦著称，深得康熙帝赞誉，百姓爱戴，时称天下廉吏第一。

时

【姓氏起源】

春秋时，宋国公子来受封于时邑，其后子孙遂以邑名时为姓。

【名人】

时大彬，明末清初人，著名紫砂四大家之一的时朋之子。他对紫砂陶的泥料配制、成型技法、造型设计与铭刻极有研究。

傅

【姓氏起源】

商王武丁在傅岩（今山西平陆）求得贤人说，后任说为宰相。因说曾于傅岩居住，故称傅说，其后子孙以地名为姓。二源于周朝时，黄帝后裔大由受封于傅邑，是以傅为姓。

【名人】

傅恒，号春和，原姓富察氏。清朝满洲镶黄旗人。曾任尚书、川陕总督、保和殿大学士等职。

傅雷，字怒安，号怒庵，上海南汇人。翻译家，文艺评论家。著有《傅雷家书》，主讲如何教育孩子。译作有罗曼·罗兰、伏尔泰、巴尔扎克的作品，其中以译巴尔扎克作品贡献卓越。

皮

【姓氏起源】

周公的后裔鲁献公之子仲山甫，因辅佐周宣王有功，受封于樊国，人称樊侯，其后子孙遂有以皮为姓。

【名人】

皮日休，唐代文学家。早年立志于功名，游历各地，曾任苏州刺史从事、太常博士。皮日休诗文有两种不同的风格，一种继承白居易新乐府传统，语言平易近人；另一种以在苏州时与陆龟蒙唱和时描写吴中山水之作为代表。

卞

【姓氏起源】

周武王之弟叔振铎受周武王封于曹，人称曹叔振铎。曹叔振铎的后裔中有个勇士名庄，受封于卞邑，人称卞庄子，其后子孙遂以卞为姓。

【名人】

卞和，春秋时楚国人，一作和氏，和氏璧的发现者。因献玉而闻名古今。曾先后两次献玉给楚厉王与楚武王，因被鉴定为不是真玉，而获欺君之罪，先后断其左脚与右脚。到楚文王时，他再次献玉，文王令人剖璞，果得宝玉。

齐

【姓氏起源】

西周初年，姜子牙受封于营丘（现山东临淄），建齐国，后人以国名齐为姓。二源于春秋时，卫国大夫字齐子，其后有子孙以王父（祖父）之字齐为姓。三源于西北少数民族所改。

【名人】

齐白石，名璜，字苹生，号白石山人，湖南湘潭人。善诗、书、画、篆刻。著有《古树归鸦》《借山吟馆诗草》《白石诗草》《白石老人自传》等。曾任北平艺术专科学院教席等职。

康

【姓氏起源】

周朝初年，文王第七子姬封受封于康邑，世称康叔，其后以祖之谥号康为姓。二源于以国名为姓。西域康居国的使者和从康居来中国者，以康为姓，如汉代康孟详。三源于昭武九姓之一（见何姓）。四源于匡姓，宋代为避宋太祖赵匡胤的名讳，改为康姓。

【名人】

康有为，著名学者、思想家、政治家、社会改革家。著有《孔子改制考》《新学伪经考》等。信奉儒家学说，致力将儒学改造成适应现代社会的国教，曾任孔教会会长一职。

伍

【姓氏起源】

源于芈姓，以名为姓。春秋时楚国大夫姓芈，名伍参，其后遂以伍为姓。

【名人】

伍员，字子胥，春秋吴国大夫，军事家、谋略家。与父亲兄弟三人在楚为仕，后楚王听信谗言，杀其父兄。伍员逃至吴国，辅佐吴国，后伐楚报仇。吴王夫差灭越后，不听伍员谏，释放越王勾践回国，伍员因吴王信谗被杀，死前他预言越必灭吴，九年后，果然。

余

【姓氏起源】

春秋时，由余本为晋国人，后入秦国为相，其子孙后人以祖名"余"为姓。

【名人】

余日德，明江西南昌人。嘉靖年间进士，官至福建按察副使。著有《余德甫集》《午渠集》。与魏裳、汪道昆、张佳胤、张九一并称"后五子"。

余光中，当代著名诗人，致力于现代主义诗歌创作。曾任教台湾东吴大学、台湾大学。主要诗作有《乡愁》《白玉苦瓜》《等你，在雨中》《敲打乐》等；诗集有《灵河》《石室之死》《余光中诗选》等。

余秋雨，著名艺术理论家、文化史学家、散文家，曾任上海戏剧学院校长。毕业于上海戏剧学院戏剧文学系，曾担任多所大学的教授。著有《文化苦旅》和《山居笔记》等。

元

【姓氏起源】

元（yuán）姓源出有五：一出自殷商元铣之后，世代相传姓元。二出自姬姓，为春秋时魏国周文王第十五子毕公高的后代毕万之后，以地名为氏。三出自拓跋姓，为鲜卑族的后代，至北魏孝文帝时下

119

诏改姓为元氏。四出自复姓纥骨氏、是云氏所改。五出自玄姓，为北宋时为避开国皇帝太祖赵匡胤的父亲圣祖赵玄朗名讳，改姓元氏。

【名人】

元稹，字微之。唐朝时河南（今洛阳市）人，著名诗人，"新乐府"代表人物，著有《元氏长庆集》。

卜

【姓氏起源】

源于姒姓，出自夏王朝夏启属下巫师，属于以官职称谓为氏。巫师，在夏、商王朝时期掌管卜筮；周王朝时期，掌管卜筮的官员称卜正，其子孙便以职官为姓，世代称卜氏。

【名人】

卜偃，春秋时晋国人，为晋献公掌卜大夫。所有大事举行前，都要由他预卜是否吉利。

顾

【姓氏起源】

夏朝有附庸小国顾国，被商汤起兵灭后，其国人遂以原国名顾为姓。二源于越王勾践的七世孙闽君摇，摇之子后受封为顾余侯，后人以顾为姓。

【名人】

顾恺之，晋无锡人。著有《画论》《画云台山记》《女史箴图》《魏晋胜流画赞》等。博学有名，有才绝、艺绝、痴绝三绝之称。

孟

【姓氏起源】

源于以次序为姓。古时，兄弟之间排行次序为伯（或孟）、仲、叔、季。其中伯为嫡长子，孟为庶长子。春秋时鲁国鲁恒公之子庆父之后孟孙氏，因作乱弑君，后改为孟姓。二源于春秋时卫襄公之子，其字孟公，后子孙以王父字孟为姓。

【名人】

孟明视，百里奚之子，春秋时秦穆公将领。曾被晋俘，归国后，悉心雪耻，背水一战破晋军。

孟子，名轲，字子舆，战国时邹人。著名思想家、教育家。著有《孟子》七篇，世称孟子，后世尊称亚圣。

孟浩然，字浩然，襄阳人，唐代诗人。著有《孟浩然集》，其诗属于自然一派。

孟郊，唐代著名诗人，著有《孟东野诗集》。与贾岛齐名，有"郊寒岛瘦"之说。

平

【姓氏起源】

战国时期韩国君韩哀侯，将子诺封于平邑（今山西临汾市一带），他的子孙就以封地为姓，相传姓平。

【名人】

平当，字子思，汉朝平陵人，他是当时的明经博士，对于夏禹治水的情形颇有研究，因此成帝封他为骑都尉，负责开合筑堤，防止水患。

黄

【姓氏起源】

颛顼后裔受封于黄，后黄国（现河南潢川）被楚国所灭，其后代子孙四地散居，以国名为姓。二源于古代南方蛮族有黄姓。

【名人】

黄歇，战国时期楚国大臣。著名的政治家、军事家。被封为春申君。与魏国信陵君魏无忌、赵国平原君赵胜、齐国孟尝君田文并称为"战国四公子"。

黄香，东汉时文人，历史上的二十四位孝子之一，9岁时，母亲去世，他对父亲格外孝敬，夏天他将床枕扇凉，冬天用身体把被褥温暖后，才让父亲安睡。广读儒家经典，精心钻研道德学术，能写文章，当时京师称誉为"天下无双，江夏黄童"。

黄庭坚，字鲁直，江西诗派的开创人，并擅行、草书。与张耒、晁补之、秦观合称"苏门四学士"。

和穆萧尹 姚邵湛汪 祁毛禹狄 米贝明臧

和

【姓氏起源】

尧舜帝时有羲和为掌管天地四时之官，其后遂有以和为姓。又说楚国人卞和发现"和氏璧"玉璞，其子孙后代遂以和为姓。

【名人】

和凝，现山东省东平人，初仕后唐，继为后晋宰相。凝生平为文章，长于短歌艳曲，有"曲子相公"之称。著有《红叶稿》，又名《香奁集》。

和岘，字晦仁，北宋浚义（现河南开封）人。自幼博览群书，宋初著名词人。曾任太常博士。

穆

【姓氏起源】

春秋时，宋宣公之弟名和，让自己儿子离开宋国到郑国居住，而将爵位传给宣文公之子夷。名和死后，后人崇其德封谥号为"穆"。

122

其后子孙遂有穆姓。二源于鲜卑族复姓所改。南北朝北魏丘穆陵氏，隋魏孝文帝迁都中原洛阳后，改为穆姓。

【名人】

穆宁，唐朝人。为人正直，为官刚明。官至秘书监。安史之乱时，与颜真卿起兵共抗安禄山。

穆孔晖，字伯潜，号玄庵，现山东聊城东昌人，明代理学家。历任翰林院检讨、南京礼部主事、翰林院侍讲学士、南京太常寺卿等官。一生著述颇丰，主要是研究考据学的著作，著有《读易录》《尚书困学》《大学千虑》《玄庵晚稿》等。

萧

【姓氏起源】

周代，宋国微子之后有功受封于萧，建宋之附庸小国萧国（现安徽萧县）。后被楚国所灭，其子孙以国名为姓，其后即有西汉相国萧何。二源于古代部落首领柏翳之后孟亏，曾在萧国作官，其后人遂以萧为姓。

【名人】

萧何，秦末沛县（现江苏沛县）人，西汉初年大臣。早年曾任秦沛县狱吏，后从刘邦起兵。刘邦称帝后，开国首功，位列三杰，以功最高，被拜为相国。高祖死后，他辅佐惠帝。

尹

【姓氏起源】

源于以官为姓。师尹即太师，为官名。二源于以邑名为姓。少昊之子殷受封于尹城（现河南新安），其后遂以尹为姓。

【名人】

尹喜，字公度，号文始先生，周代楚康王之大夫。著有《关尹子》。通历法，善天文，习占星，知前古而预未来。

尹文，战国齐人。哲学家，著有《尹文子》。与宋钘齐名，思想对后期儒家思想有深刻影响。

姚

【姓氏起源】

传说舜的母亲在姚虚（现山东濮县）生下舜，舜之后裔遂有以姚为姓。

【名人】

姚崇，本名元崇，字元之，陕州峡石（现河南三门峡）人。政治家，官至相国。武则天、唐睿宗李旦、唐玄宗李隆基三朝宰相。

姚鼐，姚范的侄子，与方苞、刘大槐创立了清代散文重要流派——桐城派，曾参与《四库全书》的编纂，其治学以经为主，兼及子、史、诗文。

邵

【姓氏起源】

周文王之庶子姬奭受封于召邑（现陕西岐山），世称召公。召姓后人为表示封邑之意，在召字右加邑（"阝"），后有邵姓。

【名人】

邵雍，字尧夫，宋范阳（现河北涿县）人，谥号康节。著有《先天图》《渔樵问答》《皇极经世》《伊川击壤集》等。

邵飘萍，近现代著名记者、报人，浙江省金华人。曾因反袁流亡日本，后加入中国共产党，一九二六年被奉系军阀杀害。著有《实际应用新闻学》《新闻学总论》等。

湛

【姓氏起源】

夏朝时，有斟灌氏国，后因国亡，其国人为避祸，遂将原国名斟灌两字各取一半为湛字，是以为姓。

【名人】

陶母湛氏，中国古代一位有名的良母，与孟母、欧母、岳母齐名，并称四大贤母。她以教子有方和宽厚待人称道于世。《幼学琼林》中："侃母截发以筵宾。村媪杀鸡而谢客。此女之贤者。"这"侃母"，指的就是东晋名将陶侃的母亲湛氏。

湛若水，字元明，号甘泉，学者称甘泉先生，明代著名学者。

汪

【姓氏起源】

源于汪芒氏所改。防风氏在商朝为汪芒国（现浙江武康）。其后裔简化为汪姓。二源于以邑名为姓。春秋时鲁桓公庶子名满，受封于汪邑，其后遂以汪为姓。

【名人】

汪踦，春秋时代鲁国的儿童。齐国伐鲁的战争中，他挺身保卫国家而牺牲，鲁国人破例以成人之礼葬之。后以"汪踦卫国"作为儿童救国的典型事例。

汪曾祺，当代作家、散文家、戏剧家，被誉为中国最后一个纯粹的文人，最后一个士大夫。

祁

【姓氏起源】

春秋时晋献侯四世孙名奚，官为大夫，食采于祁（现山西祁县），世称祁邑，其后遂有祁姓。春秋时晋国多祁氏，祁成氏、祈夜（祈射）

125

氏，皆为祁氏分支。二源于以官职为姓。《周礼》官制中有祁父（掌兵司马），世代任祁父者，以祁为姓。

【名人】

祁奚，姬姓，祁氏，名奚，字黄羊，春秋时晋国（现山西祁县）人。被晋悼公任为中军尉。

毛

【姓氏起源】

西周初年，周文王庶子叔郑，受封于毛国（现陕西岐县），世称毛公，其后裔有毛氏。现存铭文最长的青铜器"毛公鼎"，即为此毛国遗物。二以邑名为姓。周文王之子明受封于毛邑（现河南宜阳），世称伯明，其后裔遂以毛为姓。

【名人】

毛遂，战国末期阳武县人，赵国平原君的门客。赵国被秦国所围，毛遂自荐前往楚国求救，并说服楚王同意与赵合纵，获得"三寸之舌，强于百万之师"的美誉。"毛遂自荐"也由此而来。

毛泽东，字润之，湖南湘潭韶山人，伟大的马克思主义者、无产阶级革命家。中国共产党、中国人民解放军和中华人民共和国的主要缔造者和领导人。建国后担任中华人民共和国主席、全国政协第一届委员会主席等职。

禹

【姓氏起源】

春秋时，有小国名鄌，其子孙后裔遂有去邑旁，以禹为姓。又说夏禹后裔以禹为姓。

【名人】

禹之鼎，清代画家，供奉内廷，尤工写照，秀媚古雅，许多名人小像都出于他手。

禹之谟，字稽亭，湖南省湘乡人。1905 年领导收回粤汉铁路运动和抵制美货运动，被推为长沙商会会长和教育会长。加入同盟会，任湖南分会会长，是该会湖南分会创始人之一。

狄

【姓氏起源】

狄是以族命名的姓氏。源于周代。周代的时候狄族活动于齐、鲁、晋、卫之间。后世的子孙于是以族名为自己的姓氏，称为狄氏。又是以国为氏的姓氏。出自参卢氏，为炎帝的后裔。他们的始祖叫做孝伯，又叫做考伯。发源于山东省境内。孝伯是炎帝姜氏的后裔，因为在参卢居住，所以又叫做参卢氏。周成王封他于狄成（今天的山东省高青县南），他在那里建立了狄国。这个国家灭亡以后，国人便以国为氏，姓狄。

【名人】

狄青，字汉臣。宋朝人。善骑射。为延州指使，勇而善谋，经略尹株，范仲淹待之甚厚。仲淹授以《左氏春秋》。狄青因折节读书，精通兵法。以功升枢密副使。平生前后 25 战，以皇佑四年（1052）上元夜袭昆仑关最著名。

米

【姓氏起源】

源于西域昭武九姓之一（见何姓），其中米国故址在今乌兹别克斯坦境内。米国后有一支进入中原，改姓米。

【名人】

米芾，字元章，号海岳外史，又号鹿门居士。宋襄阳人，世称为米襄阳；举止颠狂，又称为米颠。著有《砚史》等书。曾任校书

127

郎、书画博士、礼部员外郎。

贝

【姓氏起源】

西周时，召公有后裔受封于淇（pèi）丘（现山东淄博），其后子孙遂有改淇为贝，是以为姓。

【名人】

贝青乔，字子木，江苏省吴县人，清代诗人。鸦片战争时，曾目睹清政府腐败，而写爱国诗篇，影响较大，著有《半行庵诗存》。

贝聿铭，苏州望族之后，出生于民初的广州市，父亲贝祖贻曾任中华民国中央银行总裁，也是中国银行创始人之一。贝聿铭的作品以公共建筑、文教建筑为主，善用钢材、混凝土、玻璃与石材，代表作品有美国华盛顿特区国家艺廊东厢、法国巴黎卢浮宫扩建工程、中国香港中国银行大厦、苏州博物馆等，被誉为"现代建筑的最后大师"。

明

【姓氏起源】

春秋时，虞国大夫百里奚，名奚，字子明。其子孙后代遂有以其字明为姓。又有传说燧人氏时代，有大臣名叫明由，其后以明为姓。

【名人】

明克让，字弘道，隋朝人。少好儒雅，博涉书史，天文历法、占卜他都深有研究，各得其妙。先在梁朝作官，后又在周朝作官。文帝受禅后，被拜为率更令，进爵为侯。著有《孝经义疏》《古今地带记》《续名僧记》等。

臧

【姓氏起源】

春秋时，鲁孝公之子名彄，受封于臧邑（现山东境内），其后遂有臧姓。二源于以王父字为姓。据《姓苑》记，鲁惠公之子名欣，字子臧，其后子孙以祖父的字为姓。

【名人】

臧霸，字宣高，三国时期曹操手下大将。为人正直义气，人称"气节之士"。

臧克家，曾用名臧瑗望，笔名孙荃、何嘉，闻一多先生的高徒。诗人、作家、编辑家，被誉为"农民诗人"。

计伏成戴 谈宋茅庞 熊纪舒屈 项祝董梁

计

【姓氏起源】

夏朝时有莒国，其都在计斤，春秋时被楚国所灭，其国人后代遂有以原国都计斤中的计字为姓。

【名人】

计礼，字汝和，明代刑部郎中。天顺年间进士。以画菊闻名，落笔皆用草书。时人称"林良翎毛夏昶竹，岳正葡萄计礼菊。"

计宗道，字惟中，明代弘治年间进士，任常熟知县、衡州知府等职。英勇有为，临事有主见，遇灾歉之年，为民请命，力争减免赋税。

伏

【姓氏起源】

南北朝时北魏将军侯植南征北战，屡建奇功，受赐姓侯伏侯，其子孙后裔遂取伏为姓。又有伏羲氏后裔以伏为姓。

【名人】

伏不齐，春秋时期鲁国人，孔子学生。曾任单父县令，把单父治理得很好。孔子称他为君子，后来被追封为单父侯。

成

【姓氏起源】

周武王之弟姬叔武受周武王封于郕（现山东宁阳），建郕国，也称成国，其子孙后代遂以成为姓。

【名人】

成无己，金代医学家，约生于北宋嘉佑治平年间。出生于世医家庭，自幼攻读医学。对《内经》《难经》《伤寒论》等古代经典皆有研究，尤其是对于《伤寒论》最为推崇。著成《注解伤寒论》，为现存最早全面注解《伤寒论》之作，对后世影响极大。

戴

【姓氏起源】

春秋时宋国戴公死后，宋武公司空继位。其支子（非嫡长子）以王父（祖）的谥号"戴"为氏。二源于以国名为姓。春秋时有戴国（现河南兰考），后被郑国所灭。其族人遂以原国名戴为姓。

【名人】

戴逵，字安道，谯郡（现安徽宿县）人。东晋雕塑家、画家、学者。著有《释疑论》等。

谈

【姓氏起源】

殷商后裔在宋国时有受封于谈邑，人称谈君。其后遂有以谈为姓。又有周朝大夫名谈，其后子孙遂以谈为姓。

【名人】

谈迁，字孺木，清朝海宁人，熟于历代典故。著有《国榷》《枣林集》《北游录》等。

谈寿龄，清末无锡人，曾在淮安作幕僚，后官至四川夔州知府，卸任后定居淮安。曾捐资创办谈氏东文学馆，教授日文和新学，培养了一批实业人才。

宋

【姓氏起源】

周公平定武康叛乱后，商纣王的庶兄微子启受封于宋国，建都商丘（现河南商丘）。后宋国被齐国所灭，其子孙以原国名宋为姓。

【名人】

宋玉，亦称兰台公子，战国时楚人。善辞赋，著有《九辩》《招魂》。与屈原并称为"屈宋"。

宋庆龄，祖籍海南省文昌县。1893年生于上海，青年时代追随孙中山，献身革命。在近七十年的革命生涯中，英勇奋斗，为中国人民的解放事业，为妇女儿童的卫生保健和文化教育福利事业，为祖国统一以及保卫世界和平做出了不可磨灭的贡献，并享有崇高的威望，是举世闻名的二十世纪的伟大女性。

茅

【姓氏起源】

西周时期，周公旦之子茅叔，受封于茅（现山东金乡），建立茅国，后茅国为邹国所灭，茅国后代子孙为纪念故国，就以茅为姓。

【名人】

茅盈，字叔申，西汉咸阳（现陕西境内）人，汉代著名隐士，与其弟茅固、茅衷一起隐居在东山，世称"三茅真君"。著有《茅山志》《太元真人东岳上卿司命真君传》等。

茅盾，原名沈德鸿，字雁冰，浙江嘉兴桐乡人。中国现代著名作家、文学评论家和文化活动家以及社会活动家，"五四"新文化运动先驱者之一。著有《子夜》《林家铺子》等。

庞

【姓氏起源】

周文王之子毕公高的后裔中，有支庶受封于庞乡，因以庞为姓。

【名人】

庞统，字士元，德公之侄，道号"凤雏"，荆州襄阳（现湖北襄樊）人。官至军师中郎将。与诸葛亮才智齐名。率众攻雒县，被流矢击中，死后被追赐为关内侯，谥曰靖侯。现四川省德阳市罗江县，有庞统祠墓，为国家重点文物保护单位。

熊

【姓氏起源】

源于芈姓。西周芈姓后裔鬻熊受封于楚国，建都于丹阳（现湖北秭归），其后裔以熊为姓。

【名人】

熊延弼，字飞百，湖广江夏（现湖北武汉）人。明万历年间进士。爱国将领，爱护贤士。历任明末辽东经略、都察院御史、兵部尚书。

纪

【姓氏起源】

西周初年，相传炎帝的后代受封于纪国（现山东纪台）。春秋后被齐国所灭，其后裔遂以国名纪为姓。

【名人】

纪信，字成，巴郡阆中（现四川西充）人，刘邦部将，"楚汉之争"时为保护刘邦，假扮刘邦，掩护刘邦逃跑，后被项羽所擒斩首。

纪昀，字晓岚，清代著名学者。曾任乾隆年间礼部尚书、兵部尚书、左都御史、协办大学士和《四库全书》总纂官。为人通达，礼贤下士，交游甚广，朋友知己、门生故吏不计其数，是乾隆时期公认的文坛领袖。

舒

【姓氏起源】

源于偃姓，以国名为姓。皋陶的后代被封于舒国（现安徽庐江），后被徐国所灭。复国后称"舒鸠国"，后又被楚国所灭。其后裔子孙以舒为姓。

【名人】

舒庆春，字舍予，即老舍。中国现代作家、文学家、戏剧家。著有《四世同堂》《骆驼祥子》《茶馆》等。文革时含冤被逼投湖自杀，后获平反。

屈

【姓氏起源】

源于芈姓，以邑名为氏。春秋时楚武王之子瑕，受封于屈邑，其后有屈姓。二源于鲜卑族复姓所改。南北朝北魏复姓屈突氏，随魏孝文帝南行迁都中原洛阳后，改为屈姓。

【名人】

屈原，楚国丹阳（现湖北秭归）人。诗人，著有《离骚》《天问》《九歌》等诗篇。不乏有"路漫漫其修远兮，吾将上下而求索"等名句。因遭陷害，屡遭排挤，才华得不到施展，后被流放。最终投汨罗江而死。端午节就是为纪念他的传统节日。

项

【姓氏起源】

春秋时，楚国公子燕受封于项国（现河南项城），后项国被鲁僖公（一说齐桓公）所灭。其后裔子孙以原国名项为姓。项国贵族之后就有楚霸王项羽。

【名人】

项羽，名籍，字羽。秦下相（现江苏宿迁）人。楚贵族出身，力能扛鼎，勇武古今，从叔父项梁在吴中起义。秦末时被楚怀王熊心封为鲁公，统率楚军，于巨鹿之战中，大破秦军。秦亡后，其自封"西楚霸王"。后在楚汉战争中，为汉高祖刘邦所败，在乌江（现安徽和县）自刎而死。

祝

【姓氏起源】

源于以官名为姓。古有巫、史、祝之官（为掌管祭礼、祝祷词的官职），其后裔子孙以官名祝为姓。二源于以地名为姓。西周时有祝地（现山东长清），居其地者以祝为姓。

【名人】

祝允明，明代长洲（现江苏苏州）人。著有《怀星堂集》《兴宁县志》等。与唐伯虎、徐祯卿、文征明并称为"吴中四才子"。能诗文，工书法，有"唐伯虎的画，祝枝山的字"之说。

董

【姓氏起源】

周朝大夫辛之子，派往晋国为太史，掌管晋国的史书典册等。

其后裔以董为姓。春秋时史官董狐即为其后。又有神话传说，舜帝时有叫董父的人，善于养龙，其后遂以董字为姓。

【名人】

董仲舒，西汉名儒，广川（现河北枣强）人。汉代思想家、哲学家、政治家、教育家。著有《春秋繁露》等书。汉景帝时任博士，提倡独尊儒术。

董其昌，明朝著名书画家。

梁

【姓氏起源】

周平王时，秦仲讨伐西戎有功，其少子康受封于梁山（现陕西韩城）。春秋时梁国被秦国灭，其后遂以梁为姓。二源于以邑名为姓。春秋时，晋国有解梁城（现山西临猗）、高梁、曲梁之地，后解梁等五城被晋惠公贿以秦国，其地居者于是以梁为姓。三源于鲜卑族复姓所改。南北朝北魏复姓拔列兰氏，随魏孝文帝移都定居中原洛阳后，改为梁姓。

【名人】

梁启超，字卓如，号任公，别号饮冰室主人，康有为弟子，广东新会人。近代政治家、文学家。著有《中国历史研究法》等。清末年，与康有为师生二人，倡变法维新，人称"康梁"。

杜阮蓝闵 席季麻强 贾路娄危 江童颜郭

杜

【姓氏起源】

周成王灭唐后封虞，周成王将唐杜氏封于杜城（现陕西西安），居者以其地名杜为姓。二源于鲜卑族姓氏所改，南北朝北魏复姓独孤浑氏，随孝文帝迁都定居洛阳后，改为姓杜。

【名人】

杜牧，字牧之，号樊川，唐代诗人，京兆万年人。著有《樊川集》，代表作品有《阿房官赋》《泊秦淮》等。其诗风遒劲有力，豪爽奔放。成就颇高，世称小杜，以别于杜甫。

阮

【姓氏起源】

商代有诸侯小国阮国，在岐山、渭水之间（现山西泾川）。后被周武王灭，其后子孙以国名阮为姓。

【名人】

阮瑀，字符瑜，三国魏陈留（现河南陈留）人，汉魏文学家，建安七子之一。著有《为曹公作与孙权》《驾出北郭门行》，曾受学于蔡邕，蔡邕称他为"奇才"。

蓝

【姓氏起源】

楚国公子亹受封于蓝，人称蓝尹，其子孙后代遂以蓝为姓。又有春秋时，秦王有后裔被封于蓝邑，其后代遂有蓝姓。

【名人】

蓝玉，常遇春妻弟，明初大将。骁勇善战，屡有建功而受封凉国公，后恃功骄横，所作为多不法，终以谋反罪受族诛，史称蓝狱。

蓝瑛，浙江钱塘人，明末清初画家。擅画山水，笔墨秀润。风格苍老坚劲，兼工人物、花鸟、兰竹，为武林画派创始人。

闵

【姓氏起源】

春秋时，鲁国庆父先后杀了庄公之子般、后杀国君开以篡权，引发众怒后逃亡自杀。其后鲁国人以君王开的谥号闵为姓。

【名人】

闵子骞，名损，春秋时鲁国人，孔子弟子七十二贤人之一。幼年丧母，受后母虐待，冬天他和亲弟弟衣内絮的是芦花，而后母所生的两个孩子身穿絮着棉花的棉衣。父亲得知后，要休掉后母，他劝说："母在一子单，母去四子寒。"后母因此非常羞愧，从此善待他们如亲生儿子一样。因其顺事父母，友爱兄弟，被列为中国历史上二十四孝之一。

席

【姓氏起源】

春秋时晋国大夫籍谈，他的先人因世代管理晋国典籍，所以以籍为姓。至秦汉之际，为避楚霸王项羽（名籍）的名讳，籍姓后人改姓语音相近的席姓。

【名人】

席豫，字建侯，唐代襄阳（现湖北襄阳）人，进士出身，官至礼部尚书。唐玄宗时期曾令各群臣赋诗，以豫所写之诗为最佳，称诗人冠冕。

季

【姓氏起源】

源于以次序为姓，辈份排行顺序为伯、仲、叔、季。春秋时鲁桓公的小儿子季子友，其后为季孙氏，后简化成季姓。

【名人】

季札，号延陵季子，简称为季子，春秋时吴国人，吴王寿梦之子。父王曾欲立之为王，他辞让了。后其兄诸樊欲让之，又辞。

季羡林，字希逋，中国著名文学家、语言学家、教育家和翻译家、散文家。曾历任中国科学院哲学社会科学部委员、北京大学副校长、中国社科院南亚研究所所长。

麻

【姓氏起源】

春秋时有楚国大夫食采于麻邑，后遂以邑名麻为姓。二源于春秋时齐国大夫麻婴之后。

【名人】

麻秋，后赵太原胡人，官至征东将军，性情暴戾、残忍，人称麻胡。古时，孩有啼哭，母亲常连哄带吓地说，麻胡来了！哭声便止。

麻九筹，宋朝人，有神童之称，勤奋好学，通晓经典，尤精于春秋。他所作之文章精密奇健，诗词工致豪壮。著有《知几文集》。

强

【姓氏起源】

春秋时，齐国有大夫公孙彊，彊与强音近相通，其子孙后代遂有以强为姓。

【名人】

强至，浙江钱塘（现浙江杭州）人，北宋学者。为文简异而不通俗，曾任祠部郎，家有五子，相继登第，并且都做到显官，真可谓一门的荣华富贵，光彩异常。

强行健，清朝人，幼时家贫，好学不倦，后又行医。著有《印论》《医案》《伤寒直指》等。

贾

【姓氏起源】

唐叔虞的小儿子公明，受周康王封于贾国，人称贾伯，是为周国附庸小国。后被晋国所灭，贾伯公明之后代遂以原国名贾为姓。二源于以邑名为姓。晋国灭贾后，其中后裔一支，成立一个城邑称贾邑。其后以邑名为姓。

【名人】

贾谊，西汉文帝时的政论家、思想家、散文家。著有《过秦论》《论积贮疏》《陈政事疏》《吊屈原赋》等。官至梁怀王太傅，曾多次上疏陈治安之道。

路

【姓氏起源】

帝挚之子玄元，在尧帝时被封于中路。在夏代建成诸侯国路国，其后子孙以国名为路姓。二源于姜姓。春秋时有潞子国，其后子孙以路为姓。又有路河，原为水名，因以为县，即潞县，后居其地者以为姓。三源于鲜卑族复姓所改。南北朝北魏复姓路真氏，迁入中原洛阳后改为路姓。

【名人】

路振，字子发，宋代湘潭人，唐代魏国公路岩之后裔。北宋史学家。淳化年间进士，历任太常博士、左司谏等。

路淑媛，因貌美入选宋文帝后官，生刘骏（孝武帝），拜为淑媛。宋孝武帝即位后，尊为皇太后。因明帝幼失生母，被其抚养长大，明帝即位后，尊其为崇宪太后。

娄

【姓氏起源】

春秋时有邾娄国（现山东邹县），其后子孙有以娄为姓。二源于以邑名为姓。周武王灭商后，封东楼公于杞国。春秋时，楚国吞并杞国，东楼公的后裔又食采于娄邑，遂以娄为姓。三源于鲜卑族复姓所改。南北朝北魏复姓匹娄氏、乙那娄氏，后随魏孝文帝迁都定居洛阳后，改为娄姓。

【名人】

娄师德，字宗仁，唐郑州原武（现河南原阳）人。唐高宗、武则天两代大臣，武后时宰相，掌理朝政，事必恭亲，雅量待人，任人唯贤。守边塞要地三十年，谥号贞。

危

【姓氏起源】

危姓起源有三个说法：一说是危姓来自三苗族所居住的地方而起的姓氏；一说是危姓来自周武王庶子的赐姓；一说是危姓来自甄丰之子甄寻根据避难地方的名字而起的姓氏。

【名人】

危全讽，字上谏，江西抚州南城人。著名唐朝末期将领，地方割据势力首脑。

江

【姓氏起源】

源于以国名为姓。周朝将伯盖之后，受封于江国。春秋时，江国被楚国所灭，其后子孙遂以国名江为姓。

【名人】

江总，字持，南北朝考城（现河南兰考）人。初被梁武帝赏识，

140

官至太常卿，后入南朝陈国为仆射尚书令，世称江令。陈后主时，深受宠爱，君臣不理朝政，日夜游宴，以至国亡。

江淹，字文通，南朝著名政治家、文学家，宋州济阳考城人。历仕南朝宋、齐、梁三朝。江淹少时孤贫好学，六岁能诗，江淹突出的文学成就表现在他的辞赋方面，他是南朝辞赋大家，与鲍照并称，代表作有《别赋》《恨赋》。

童

【姓氏起源】

春秋时晋国有大夫胥童，其后裔有以童字为姓。又有神话传说，上古颛顼之子老童，其后遂有童姓。

【名人】

童贯，字道辅，开封（现河南开封）人。北宋宦官，善巧辞媚言，能说会道，与蔡京互相勾结，时称蔡京为"公相"，称他为"媪相"，为"六贼"之一。后随徽宗南逃，钦宗即位时被处死。

颜

【姓氏起源】

颛顼后裔邾武公，名夷父，字伯颜，人称颜公，其子孙后代遂有以颜为姓。又有周公旦的后裔受封于颜邑，其子孙后代有以颜为姓。

【名人】

颜回，春秋时鲁国贤人，孔子得意门人，于弟子中最贤。三十二岁英年早逝，后世称为复圣。

颜真卿，唐代大臣、书法家。开元年间进士，累官至监察御史。善正、草书，笔力沉着雄浑，为世所宝，称为颜体。故宫博物院藏有其《竹山连句》墨迹，著有《颜鲁公文集》。

郭

【姓氏起源】

郭是指古代都城外面的护卫墙，古有居城、郭、园、池的人以此为姓。二源于以国名为姓，周文王季弟虢叔受封于虢国，人称郭公（古时虢、郭音同），其后以郭为姓。又有说周文王之弟虢叔受封于西虢（陕西宝鸡市东部），虢仲受封于东虢（现河南蒙阳县）。东郭国后被郑国所灭。西郭国又名城国，后被秦国兼并。其几处之子孙，都以郭为姓。

【名人】

郭解，字翁伯，汉朝轵（现河南济源）人。生活节俭、乐于助人、厚施而薄望，为人常以德报怨，深得人们厚赞。

郭子仪，唐朝名将，华州（现陕西华县）人。唐代著名的军事家。南征北战中，屡建奇功。平安史之乱，结盟回纥，征讨吐蕃，谥号忠武。

梅盛林刁 钟徐邱骆 高夏蔡田 樊胡凌霍

梅

【姓氏起源】

商王太丁其弟受封于梅，世称梅伯，后被殷纣王所灭。周武王灭商后，封梅伯之后裔于黄梅，其后人遂以梅为姓。

【名人】

梅兰芳，名澜，字畹华，江苏泰兴人，京剧大师，世称"梅派"。代表剧目有《贵妃醉酒》《霸王别姬》等；昆曲有《思凡》《游园惊梦》等。曾被美国洛杉矶波摩拿学院、南加州大学授与文学博士。其梅派传人有李世芳、张君秋、言慧珠、杜近芳、梅葆玖等。

盛

【姓氏起源】

盛(shèng)姓,源出有三:一出自姬姓,周灭商之后,分封了许多同姓国家,郕国即是其中之一。郕国灭亡后,遂以国名为姓,姓盛。二出自祖名为氏,以奭(shì 音是)姓所改。西周初年有名臣召公奭,其子孙有一支以他的名为姓,姓奭。到西汉元帝时,由于元帝名刘奭,百姓必须避讳,奭姓人改为盛姓。三出自少数民族改姓。清代满州八旗姓盛佳氏者,改汉姓为盛氏。

【名人】

盛宣怀,清末官员,秀才出身,官办商人、买办,洋务派代表人物,著名的政治家、企业家和慈善家,被誉为"中国实业之父"和"中国商父"。

林

【姓氏起源】

殷商王朝太师比干,因进谏受死,其子坚,逃于长林。商纣被周武王灭后,坚受赐姓为林。二源于周平王庶子林开之后,其后以林为姓。

【名人】

林则徐,字元抚、少穆,晚号俟村老人、七十二峰退叟、栎社散人等。清后政治家、思想家。官至一品,曾任江苏巡抚、两广总督等职,两次受命为钦差大臣。是中华民族史上,抵御外强的民族英雄,其主要功绩是虎门销烟。

刁

【姓氏起源】

周文王时,有雕国,居其国者多姓雕氏,后简以同音字刁为姓。

二源于以技为姓。考工雕人之后，后改为刁姓。三源于以人名为姓。齐大夫童刁之后，战国时有刁勃，汉有刁间。四源于春秋时齐国大夫竖刁之后。竖刁曾与管仲一起辅佐齐桓公建立霸业。其后代子孙便以祖上名字为姓，成为刁姓。五源于改姓。春秋时齐国有貂勃，其后有貂姓。古时刁、雕、貂三字音同字异，后皆改刁姓。

【名人】

刁戴高，清代书法家，诗人。著有《约山诗稿》等。

钟

【姓氏起源】

春秋时宋桓公，其曾孙伯宗在晋国做官，食采于钟离（现安徽凤阳），其后子孙遂有钟氏、钟离氏。二源于钟离氏所改。项羽部将钟离昧，居颍川长社（现河南长葛），其后改为钟姓。

【名人】

钟繇，字符常，颍川长社（今河南长葛）人。三国时著名书法家、政治家。官至侍中，善书法，与当时的名士华歆、王朗并称三公。

徐

【姓氏起源】

伯益之子若木，其后裔徐偃王攻周时，被周穆王击败。后又封徐偃王子宗为徐子。春秋时，徐国被吴灭后，徐国之后族遂以原国名徐为姓。二源于清代满族姓氏舒穆禄氏所改，如满洲正白旗人徐元梦。

【名人】

徐达，字天德。濠州（现安徽凤阳）人，明代开国元勋之一。元末年间，参加农民起义军，因其智勇双全，善于谋略，统军有方，屡建战功，为明代开国立下汗马功劳。卒后，追封中山王。

邱

【姓氏起源】

源于以丘作邱改。为避孔子（名丘）名讳，丘姓后人将丘加邑（阝）旁改写成邱字。二源于以地名为姓。姜太公受封于齐国，建都于营丘（现山东临淄），其后遂有以丘为姓。三源于东汉时东胡别支乌桓部落的丘氏。四源于南北朝时鲜卑族复姓丘敦氏，后随魏孝文帝南迁中原定居洛阳后，改为邱姓。

【名人】

邱行恭，洛阳人，唐代名将。善骑射。官至冀、陕二州刺史。

邱处机，自号长春子，全真道掌教人，道教全真道北七真之一。道士、养生家。著有《大丹直指》《鸣道集》等。

骆

【姓氏起源】

骆姓来源很多。一为伯益的后裔，该支骆姓源于嬴姓和姚姓。《史记》记载，殷商王朝纣王时期，有大臣嬴恶来，其玄孙名叫嬴大骆，嬴大骆的长子为嬴成，建有大骆国。后大骆国民，以国为姓。二是源于姜姓，出自齐国姜太公之后裔公子骆，属于以先祖名字为氏。三是源于姬姓，出自春秋时期郑国大夫王孙骆之后，属于以先祖名字为氏。

【名人】

骆宾王，婺州义乌（今属浙江）人，唐代文学家。高宗时官至侍御史。因故下狱，获释后出任临海丞。为初唐四杰之一，有《骆临海全集》。

高

【姓氏起源】

春秋时，齐文公吕赤之子受封于高邑（现河南禹县），人称公子高。其孙傒，后以祖受封之邑名为姓，称高傒，遂后有高姓。二源于齐惠公吕元之子，公子祁，字子高，其后有支孙以王父字高为姓。三源于改姓。有鲜卑族人元景安，因有功，被北齐文宣帝高洋赐姓为高。又有后燕皇帝慕容云，原鲜卑族，自称高阳氏后代，后改名称高云。

【名人】

高洋，字子进，一名晋阳乐。南北朝时期北齐第一位皇帝，史称齐文宣帝。

夏

【姓氏起源】

周武王建朝后，封夏禹的后裔东楼公于杞，建杞国，其他没有得到封地的，后以原国名夏为姓。二源于夏侯氏所简化。三源于以父字为姓。春秋时，陈宣公之子少西，字子夏。其后子孙以父字夏为姓。

【名人】

夏竦，字子乔，宋代德安（现江西德安）人。北宋大臣，古文字学家、文学家。官至参知政事，封英国公。著有《策论》《笺奏》《古文四声韵》《声韵图》。

夏圭，南宋杰出画家。画风洒脱，糅合李唐、范宽与米芾的画法，与马远并称"马夏"。又构图多作半边或一角之景，时称"夏半边"。

蔡

【姓氏起源】

源于以国名为姓。周武王灭商后，周文王第五子叔度受封于蔡国（现河南上蔡），人称蔡叔度，其后裔为楚国所灭。其子孙以国名蔡为姓。又有南北朝时，鲜卑族复姓大利稽改姓蔡。

【名人】

蔡伦，字敬仲，东汉桂阳郡耒阳（现湖南耒阳）人。我国四大发明之一的造纸术的发明者。汉和帝时，官至中常侍。

蔡元培，字鹤卿，又字仲申、孑民，曾化名蔡振、周子余，浙江绍兴人。革命家、教育家、政治家。著有《哲学要领》等。清光绪十八年进士，曾留学德国、法国研究哲学。历任教育部总长、北京大学校长、中央研究院院长等职。

田

【姓氏起源】

源于田和取代姜氏政权，史称田氏代齐。其实春秋战国时期，田氏即为陈氏。如春秋时，齐国大臣田成子，也称陈成子；战国时哲学家田骈，亦称陈骈。二说胡公满受封于陈国（现河南淮阳），其后裔子孙陈历公，生子名完字敬仲。陈宣公时，欲立庶子继承王位，太子被杀。敬仲与太子关系密切，因畏惧涉嫌祸害，遂逃奔到齐国，食采于田，后改田姓。

【名人】

田单，战国时齐国临淄人。燕国打齐国，攻下七十余城，只剩莒国、即墨二城。他用反间计，撤燕国名将乐毅，又用火牛突阵，大破燕军，收复失地，因功受封安平君。

田横，秦末狄县人，原齐国贵族，秦末起义首领。韩信破齐，田横自立为齐王。刘邦打败项羽后，登基称帝。田横不肯称臣于汉高祖，率领从属五百人逃至海岛。汉高祖派人招降，田横不愿，遂自杀，其余五百人闻田横死讯，亦全部自杀。

樊

【姓氏起源】

商汤后裔在殷商中期后，形成了陶、施、樊等七族，世称"殷民七族"。后殷民七族在周朝时被分到各诸侯国。孔门弟子樊迟即

147

为其后。二源于以邑名为姓，周文王之子虞仲，其支孙仲山浦，食采于樊邑，人称樊侯，其后遂有樊姓。

【名人】

樊于期，原名桓齮，战国末年秦将，避罪于燕，得燕国太子丹赏识。后因荆轲欲替太子丹杀秦王，时值秦王用黄金万两的重赏捉拿樊将军。于是樊愿将首级交给荆轲做信物以入秦，遂自刎而死。

樊哙，西汉沛县（现江苏沛县）人。西汉将军，左丞相，军事统帅。吕后妹夫，深得汉高祖刘邦和吕后信任。随刘邦起义，鸿门宴上，项羽欲杀刘邦，樊哙面斥项羽。

胡

【姓氏起源】

舜的后裔胡公满曾受封于陈国（现河南淮阳），后被楚国所灭。其后族散居四地，遂有以胡为姓。二说周代有异姓诸侯胡国（现安徽阜阳），后被楚国灭，其国人有的以胡为姓。三为鲜卑族复姓所改。南北朝北魏复姓胡骨氏，随魏孝文帝迁都定居洛阳后，改为胡姓。四源于原始游牧部落敕勒，就有胡姓。

【名人】

胡安国，字康侯，建宁崇安（现福建武夷山）人，宋代经学家。谥号文定。著有《春秋传》《资治通鉴举要补遗》等。绍圣年间进士，为太学博士。

胡适，字适之，安徽绩溪人。现代学者、文学家、哲学家。新文化运动的著名人物。著有《尝试集》《胡适文存》《丁文江的传记》等。

凌

【姓氏起源】

卫国开国之君康叔，其庶子中有任凌人官职，主管负责存贮冰块管理冰窖的。其子孙后代遂有以官名凌字为姓。

【名人】

凌瑚，字仲华，号香泉，清朝画家。擅长于画仕女和花卉禽虫。梁同书的行楷、钱维乔的山水、凌瑚的写生合称为"三绝"。

霍

【姓氏起源】

周朝初年，周文王第六子叔处受封于霍国（现山西霍县）。人称霍叔。至周成王时，霍叔等叛乱，平息后，霍叔降为平民百姓。其后裔遂以国名"霍"为姓。

【名人】

霍去病，河东郡平阳县（现山西临汾）人，西汉武帝时名将，名将卫青的外甥。官至骠骑将军，封冠军侯。曾六次出击匈奴，穿沙漠，好骑射，善于长途奔袭。

霍元甲，字俊卿，外号黄面虎，直隶静海（现天津）人。爱国武术大师。出身武术世家，武艺出众，又执仗正义，继承父亲霍恩第传七代绝技"迷踪拳"。后创办上海精武体操会（也称上海精武体育会），自任教师。一生虽然短暂，却充满传奇色彩，是一位家喻户晓的武术英雄。

虞万支柯 昝管卢莫 经房裘缪 干解应宗

虞

【姓氏起源】

周太王之子仲雍的庶孙受封于虞国，春秋时，被晋国所灭，其子孙后代遂有以虞为姓。又有舜帝的后裔商均受封于虞城，其子孙后代遂有以虞为姓。

【名人】

虞卿，一作虞庆，战国时说客，善游说，曾游说赵孝成王，第一次见赵王时，赵王赐他黄金和一双白璧；第二次见赵王时，赵王拜他为上卿，于是号为虞卿。主张以赵为主，合纵抗秦。

虞世南，字伯施，唐代余姚人，隋代曾为秘书郎，唐朝时期为秘书监，十八学士之一。擅长于书法，师承沙门智永，偏于行草，晚年专攻正楷，与欧阳询一起被称为"欧虞"。

万

【姓氏起源】

西周初年，芮伯受封于芮（现山西芮城），其后有芮伯万，后子孙有以祖父字万为姓。二源于春秋时晋国大夫毕万，为毕公高之后，魏国始祖。其后有子孙以字万为姓。三源于鲜卑族复姓所改。北魏时复姓吐万氏、万纽于氏，后改为万姓。

【名人】

万修，字君游，东汉茂陵人。光武帝时，官至将军，封槐里侯，云台二十八将之一。

支

【姓氏起源】

支姓来源很多。主要有：源于子姓，出自尧、舜时期的隐士子州支父，属于以先祖名字为氏。源于姬姓，出自周朝姬姓后代姓支的氏族，属于以先祖谱序为氏。源于妫姓，出自夏王朝时期大夫郭支，属于以先祖名字为氏。源于月氏部族，出自西汉朝时期月支族人的后代，属于汉化改姓为氏，等等。

【名人】

支曜，著名汉朝大儒。灵帝末年，西域沙门支曜居洛阳译佛经，先后译成《成具光明经》等十一部，其中七部地灵帝中平二年（185）问世。

柯

【姓氏起源】

柯姓，是中国的姓氏之一。出自姬姓，始成于春秋。一说出自姜姓，是炎帝神农氏的后裔。

【名人】

柯九思，元朝人。勤读书，能诗文，善书画。尤精画枯木、墨竹、师法宋代文同、苏轼。又善于鉴别古代钟鼎器物。元朝宫廷所藏书法名画，多由其鉴定。

昝

【姓氏起源】

商朝宰相昝单，他的子孙在昝字上添了一划，作为他们的姓氏。

【名人】

昝学易，字心源，明朝怀宁人，万历年间中举人，廉洁不苟取，天性至孝。

管

【姓氏起源】

周武王灭商后，叔鲜受封于管，建立管国，与蔡叔一起管理商朝遗民。武王死后，由年幼的成王即位。因为成王年纪太小，管叔和蔡叔与当时代王执政的周公旦意见有分歧，发动了叛乱，周公旦平乱后，管叔被杀。其后代就以其封地名管作为姓。二源于管仲之后。

【名人】

管仲，名夷吾，春秋时期齐国人，齐国宰相。著有《管子》。与鲍叔牙是知音，经鲍叔牙推荐至齐国任宰相，执政四十余年，推行改革，帮助齐桓公建立霸业，成为五霸之首。

管宁，三国时学者。著有《姓氏论》。东汉末，聚众讲《诗》、《书》三十年之久。不论是魏文帝还是后来的魏明帝想让他当官，他都没答应。

管师复，龙泉（现浙江）人，人称卧云先生。宋朝诗人。擅于写诗，著有《白云集》。为人义气，甚至没有接受宋神宗授与的官职。

管道升，吴兴人，被封魏国夫人，也叫做管夫人，元代著名女画家。善画梅兰竹花、山水。书法上擅于行楷。

卢

【姓氏起源】

春秋时，齐国文公子名高，食采于卢邑（现山东长清），其后人遂以卢为姓。二源于古庐子国，其后有庐姓，庐，亦作卢。三源于南北朝时鲜卑族复姓所改。北魏莫庐氏改为芦姓，后去草头改为卢姓；吐伏卢氏也改姓卢。

【名人】

卢植，字子干，汉末涿郡人。学通古今，好学又不墨守成规，人称海内大儒。

卢照邻，字升之，初唐范阳人。著有《卢升之集》。博学能文，与王勃、杨炯、骆宾王齐名，世称初唐四杰。

莫

【姓氏起源】

先秦时期，楚国有一种叫莫敖的官职，一般由公族子弟担任，地位较高。长期担任这个职务，被称莫敖氏。后简化为莫姓。二源于高阳氏。古帝颛顼建造了鄚城。其子孙有定居在鄚城的，遂以城邑名鄚为姓，后去掉右边的部首，变为莫姓。三源于幕姓的省文，演化而来。

【名人】

莫邪，也作镆铘，干将的妻子，春秋时期吴国人。吴王命令干将铸剑，铁汁不下。莫邪跳入火中，担任炉神，铁汁出，乃铸成两把利剑。雄的叫干将，雌的叫莫邪。后用干将、莫邪来比喻锋利精美的剑。

莫我愚，湖南善化（今长沙）人，清代书画家。善诗、书法、山水画等，尤善写照，所画之物惟妙惟肖。

经

【姓氏起源】

春秋时，郑武公之子叔段曾受封于京（现河南荥阳），世称京叔段。其后遂有以京为姓，后因避仇杀，改京为经姓。二源于《易经》京氏学创始人京房，汉元帝时，任魏郡太守，后因争权被下狱处死，其后为避祸改姓经。三源于春秋时魏国有经侯，其后以经为姓。

【名人】

经元善，号莲珊。清朝晚期维新运动代表。著有《趋庭记述》《居易初集》。曾于沪创建南洋女公学，创办经正书院，开中国女学先河。

经亨颐，字子渊，廖承志的岳父，浙江上虞人。著名教育家、社会活动家和书画家。曾留学日本，回国参加筹建浙江官立两级师范学堂。曾任浙江省教育会会长、国民政府常委、教育行政委员会委员、中山大学副校长等职。

房

【姓氏起源】

尧之子名朱，被封于丹水，人称丹朱。因他没有治天下的能力，尧将帝位禅让给舜。丹朱后受舜封到房（现河南遂平），建立房国，人称房侯。丹朱之子陵，后以父封地房为姓。

【名人】

房玄龄，名乔，字玄龄，唐代齐州临淄（现山东临淄）人，唐朝名相。唐太宗即位后，综理朝政，辅佐太宗，为后世良相的典范。

房宽，明代名将。

裘

【姓氏起源】

春秋时，卫国有大夫受封于裘邑，其后遂有以裘为姓。二源于古代制皮工匠的技能分类，以裘技为主的后人遂有以此为姓。

【名人】

裘琏，浙江省慈溪人，清代康熙进士，著名的戏曲家。著有杂剧《昆明池》《集翠裘》《鉴湖隐》《旗亭馆》，合称"四韵事"。

裘安邦，嘉庆年间进士，官至徐州镇总兵。喜好文学，能作诗。为官爱民如子。去世后百姓很怀念他，为他建石碑庙宇纪念他，看到他的石碑，没有人不流泪的，人称石碑为堕泪碑。

缪

【姓氏起源】

春秋时，秦国国君，死后谥号为穆，史称秦穆公。古时，穆与缪音通相近，故其后裔有以缪为姓。

【名人】

缪袭，三国时期魏国文学家，著有《魏鼓吹曲》，文多为歌颂曹操功业的作品。

缪嘉惠，清代女画家，慈禧太后的女官，代慈禧太后写字画画。通书史，善篆隶，尤工画，人称缪先生。

干

【姓氏起源】

春秋时，宋国有位大夫名叫干犨，其子孙后代遂有以干字为姓。二源于春秋时有小国名干国，灭国后，其国后裔有以原国名干为姓。

【名人】

干宝，晋代人，年少好学，博览群书。所撰《搜神记》为魏晋志怪小说的代表作。

解

【姓氏起源】

周成王弟叔虞之子良，食采于解邑（现山西解县），其后遂以邑名解为姓。二源于以地名为姓。春秋时，解原为地名，约有二处，大解在现河南洛阳南，小解在现洛阳市西。居其地者后以解为姓。三源于古代复姓解毗氏，也作解批，后简化为解姓。

【名人】

解缙，明朝著名大臣，主编《永乐大典》，是世界上最完备的一部百科全书。

应

【姓氏起源】

周武王封其四子于应（现河南鲁山），建应国，人称应侯，其后人遂有以应为姓。

【名人】

应场，字德琏，应珣之子，三国时魏国文学家。建安七子之一，曹丕称其才学足以著书。著有《应德琏集》。

应宝时，字敏斋，清代同治年间，曾任苏松太道。创建龙门书院，开办普育善堂。后任江苏按察使，兼署布政使。工诗文，著有《射雕词》。

宗

【姓氏起源】

源于以官职名为姓。古有官职主管负责宗庙祭祀，人称宗伯。其后子孙遂有以宗为姓。

【名人】

宗臣，字方城，江苏兴化人，明代名宦。曾任福建参政，后率领福建军民抗击倭寇，病逝于任上。为嘉靖七子之一。

宗白华，哲学家、美学家、诗人，江苏常熟虞山镇人。我国现代美学的先行者和开拓者，被誉为"融贯中西艺术理论的一代美学大师"。"五四"时期曾积极投身于新文化运动，后任中华美学学会顾问和中国哲学学会理事。著有《宗白华全集》及美学论文集《美学散步》等。

丁宣贲邓 郁单杭洪 包诸左石 崔吉钮龚

丁

【姓氏起源】

西周时，姜太公望受封于齐。其子伋，死后谥号为"丁公"，其后子孙遂以"丁"为姓。二源于三国时，孙权的弟弟孙匡因触军规，被孙权贬其族为丁姓。三源于西域回族姓。伊斯兰教穆斯林本无姓氏，至元朝末年，其后有子孙汉化，遂以"丁"为姓。

【名人】

丁复，字仲容，汉初天台人。著有《桧亭集》。曾随汉高祖刘邦起兵于薛，后与高祖平定三秦，官大司马，封阳都侯。

宣

【姓氏起源】

西周时，周厉王之子姬静继承王位。他死后谥号为宣，世称周宣王。其后子孙遂有以宣字为姓。二源于鲁国大夫宣伯之后。

【名人】

宣赞，《水浒传》中人物，原宋代蔡京手下武官，后投至梁山，排梁山好汉第四十位，随宋江征讨方腊时阵亡。

宣永光，学名金寿，人称老宣，笔名疯话老宣，北京人，杂文作家。上个世纪三十年代，与四川的李宗吾并称奇人怪杰，著有《妄谈》《疯话》《百弊放言》等。

贲

【姓氏起源】

春秋时，楚国令尹斗椒因罪被杀，其子贲皇投奔晋国，受封于苗，人称苗贲皇，其后有以贲为姓。二源于古代勇士孟贲之后。

【名人】

贲赫，汉朝将军，汉高祖刘邦建立汉朝后，受封有功开国大臣为诸侯王，但有些诸侯王受封后，自己养军队，又造刘邦的反。贲赫因事得罪了英布担心受诛杀，就前往长安将英布的反叛阴谋和盘托出给刘邦。英布得知消息，公开反叛并杀了贲赫全族。汉高祖就任贲赫为将军，率兵讨伐叛军。贲赫平息了这场叛乱，被封为期思侯。

邓

【姓氏起源】

商王武丁封其叔父曼季于邓国（现河南邓州），世称邓侯。邓国被楚国所灭后，其子孙遂以国名邓为姓。因邓姓为曼季后裔，也说邓姓源于曼姓。二源于五代南唐后主李煜第八子李从镒，曾受封为邓王。南唐亡后，其后以父封地名邓为姓。

【名人】

邓禹，字仲华。历任大司徒、右将军、太傅，封高密侯。邓禹曾助光武帝刘秀推翻王莽，恢复汉朝，功不可灭。

邓艾，字士载，义阳棘阳（现河南南阳）人。三国时期魏国将领。历任太守、镇西将军、征西将军等。曾与钟会、诸葛绪兵分三路以伐蜀，以奇兵从险道潜入无人区，直取成都，灭蜀。

邓小平，原名邓先圣，又名邓希贤。四川广安人。著有《邓小平文选》《邓小平文集》等。中国无产阶级革命家、政治家、军事家、外交家，中国共产党第二代领导核心人物。他提倡的"改革开放"、"一国两制"的政策理念，改变了20世纪后期的中国，也影响了世界。

郁

【姓氏起源】

古代有郁国，春秋时为吴国大夫的封地，其后子孙以郁为姓。春秋时，鲁国有郁黄（郁贡）为宰相，其后子孙遂有郁姓。

【名人】

郁文博，明代松江（现上海）人。曾官至湖广副使。以藏书、校勘为乐。人称"上海郁氏藏书，颇负盛名"。

郁松年，字万枝，号泰峰，一作泰丰，清上海人。清末大船商。爱好藏书。藏印有"泰峰"、"曾氏郁泰峰家"、"泰峰所藏书"、"泰峰所藏善本"等。

单

【姓氏起源】

周成王姬诵封少子姬臻于单邑（今河南孟津），其子孙后代便以封地为氏。

【名人】

单宁，西汉人。从刘邦起兵，任郎中，从定三秦，以功封昌武侯。

杭

【姓氏起源】

春秋时，魏国三优大夫之后，后子孙改写为杭姓。二源于传说大禹治水后，其后裔有受封于余航国，即余杭，其后人改航为杭，后即有杭姓。

【名人】

杭徐，字伯徐，东汉丹阳人，汉朝东乡侯、长沙太守。

杭世骏，字大宗，清代浙江仁和人。官至御史。博览群书，擅长诗文。曾校勘武英殿《十三经》《二十四史》，纂修《三礼义疏》。著有《道古堂诗文集》等。

杭子和，京剧鼓师。满族人。他的鼓板，古朴典雅，简练大方，节奏鲜明，饱含韵味，唱腔琴音浑然一体。

洪

【姓氏起源】

西周时有太叔受封于共国（现河南辉县），世称共伯。春秋时，被卫国所灭后，其后遂以共为姓。另在唐朝以前，为避仇逃难，一些"共"氏家族加水旁，改姓"洪"。三源于豫章有弘氏（一说宏氏），因避宋朝时名讳，改同音"洪"姓。又有曲阿弘氏也因避讳改姓洪。

【名人】

洪皓，字光弼，南宋鄱阳人。曾任宁海主簿，恤贫民，减赋税，得人心。后出使金国，被扣十五年，始终不屈，与苏武齐名。

洪亮吉，清代江苏阳湖（现江苏常州）人。清代文学家。绘有《机声灯影图》，怀念母亲的辛劳与教诲。

洪秀全，广东花县（现花都市）人，太平天国运动的主要领导人。1851年建号太平天国，称天王。吸取早期基督教义中的平等思想，创立拜上帝会，著《原道救世歌》，主张建立远古"天下为公"盛世。

包

【姓氏起源】

源于战国时期楚国大夫申包胥之后，其子孙后代中有以包字为姓。二源于鲍姓后人，去鱼旁所改。

【名人】

包咸，东汉会稽人，少学鲁诗、《论语》。后入官教太子《论语》，官至大鸿胪。

包融，唐代吴兴人，官至集贤殿学士。与贺知章、张旭、张若虚合称"吴中四士"。

包拯，庐州合肥人，北宋名臣。为官刚直不阿，执法尤严，廉洁于世，人称"包青天"。

诸

【姓氏起源】

春秋时鲁国有诸邑，在诸邑做官拿奉禄的公族大夫后遂以诸为姓的。二源于春秋越王勾践的后裔中有叫驺于诸，因反秦有功，受封为闽越王。后至汉代被汉武帝灭后，其后人遂以诸为姓。

【名人】

诸宸，女，浙江兰溪市人。国际象棋大师，在国际象棋世锦赛夺冠，继谢军之后中国又一位世界棋后。棋路灵活，攻击力强，甚有耐心，斗志顽强。善于下进攻性的棋，也能"软磨硬顶"，在防御中，化被动为主动，积小胜为大胜。

左

【姓氏起源】

周朝时，周穆王设有官职左史戎父；春秋时，楚灵王设有官职左史倚相，他们的子孙后代遂有以左为姓。

【名人】

左丘明，春秋时鲁国人，曾任鲁太史。知识渊博，著有《春秋左氏传》，简称《左传》。

左庆延，宋代永新人，官至太学博士。秦桧曾想把女儿嫁给他，被庆延坚持拒绝。

左宗棠，字季高，号湘上农人，清代湘阴（现湖南岳阳）人，官至总督，拜东阁大学士。晚清重臣，军事家、政治家。曾经历湘军平定太平天国运动、洋务运动、镇压陕甘回变和收复新疆之战等重要历史事件。

石

【姓氏起源】

源于春秋时卫国大夫石碏之后。二源于昭武九姓之一（见何姓），石国故址在现乌兹别克斯坦塔什干一带。三源于南北朝时鲜卑族复姓所改，乌石兰氏进入中原后，改姓石。

【名人】

石碏，春秋时卫国大夫。其子石厚与卫庄公之子州吁合谋杀桓公，自立为君而不为民所拥，请教父亲石碏为君之道。石碏假诱州吁及其子往陈国，通过陈桓公之手杀之，立公子晋为国君。时人皆赞其大义灭亲。

石崇，字季伦，西晋文学家。

崔

【姓氏起源】

春秋时齐国丁公伋的长子季子，让国位给其弟叔乙，自己食邑于崔邑（现山东章丘），其后遂有以崔为姓。

【名人】

崔灵恩，南朝梁东武城人，遍读五经。著有《毛诗注》《周礼集注》《三礼义宗》。曾任北魏太常博士、国子博士、贵州刺史等。

崔玄暐，唐代博陵人。长安初（公元701年）为狄仁杰所提拔，历任凤阁侍郎、中书令，封博陵郡王等。其弟崔升，官至尚书左丞；其子崔琚，官至礼部侍郎；其孙崔涣，官至御史大夫；曾孙崔郢，官至监察御史。后人称五龙。

吉

【姓氏起源】

周宣王时期的大臣尹吉父，南征北战，立有战功，其后人遂以吉字为姓。

【名人】

吉翰，字休文，南朝年间，历任刺史、将军等职，在职时业绩显著，著《秦纪》十一篇，卒后追赠征虏将军。

吉梦熊，清乾隆年间进士，官至内阁侍读学士，四库全书馆总阅。被邀请参加清廷举办的"千叟宴"，又先后获御赐貂裘金蟒、图画笔砚等。其著作有《研经堂文集》《研经堂诗集》《丹阳见闻录》等。

钮

【姓氏起源】

一般认为源于晋代的钮滔,其后遂有钮姓。

【名人】

钮克让,元朝时文官,为民谋福,深受百姓赞誉,而被记入史书。

钮衍,字公裕,明代洪武年间进士,江苏常熟人,官至广东参政。执政严惩恶人,为官清白廉洁,对百姓善良温和。

龚

【姓氏起源】

战国末年秦汉之际,共氏族人为避难,改加龙字为龚姓。又说尧帝的大臣,西北的洪水之神共工(与驩兜、三苗、鲧并称"四凶"),其后有共、龚二姓。

【名人】

龚遂,字少卿,西汉南平阳县(现山东邹县)人。进谏时引经据典,荒灾时开仓济贫。

龚胜,字君宾,西汉彭城人。哀帝时,曾任谏议大夫、渤海太守。王莽篡政后,他隐居乡村。王莽曾数次派人征召他为上卿,他坚决不同意,一身不为两朝官,绝食十四日后死。

龚鼎孳,字孝升,明末安徽合肥人。历任左都御史、刑部尚书。博学多闻,善诗能文,与吴伟业、钱谦益齐名,世称清初江左三大家。

程嵇邢滑 裴陆荣翁 荀羊於惠 甄麴家封

程

【姓氏起源】

周宣王时，给予有战功的将士封赏，将程休父封程氏故地程国为国伯，时称程伯休父，其子孙后遂以封国名程为姓。二源于春秋时，晋国有中行荀氏之子食采于程邑，其后遂以邑名程为姓。

【名人】

程婴，春秋时晋国人，为晋卿赵盾及其子赵朔的友人，司寇屠岸贾把刺杀晋灵公的罪名加在赵盾身上，诛杀赵氏全家，追捕遗孤赵武（即有名的赵氏孤儿）。后程婴设计救孤成功，终以雪恨。

程颐，字正叔，北宋洛阳人，人称伊川先生，北宋理学家、教育家。与其兄程颢，学术思想、教育思想基本相同，共创"洛学"，为理学奠定基础，二人合称"二程"。

嵇

【姓氏起源】

夏朝少康帝时，封其庶子于会稽，其后裔后迁至谯郡嵇山（现安徽宿县），稽与嵇音同，其后遂有以嵇为姓。

【名人】

嵇康，三国时期魏国名士，竹林七贤之一。博学多闻，有奇才，工诗文，善鼓琴，精乐理。著有《养生论》《幽愤诗》《琴赋》等。嵇康在古琴曲上的成就也很高，他创作的《长清》《短清》《长侧》《短侧》四首琴曲，被称为"嵇氏四弄"，与东汉蔡邕创作的"蔡氏五弄"合称"九弄"，是我国古代一组著名琴曲。

邢

【姓氏起源】

周公旦第四子受封于邢国（现河北邢台）。被魏国灭后，其后族子孙以原国名邢为姓。二源于春秋时晋国大夫韩宣子之族，封地在邢邑（现河南温县），其后子孙遂有以邢为姓。

【名人】

邢峦，字洪宾，北魏鄚县人。曾任散骑常侍，兼尚书。后作战有功，官至殿中尚书。

邢昺，字叔明，宋代济阴郡人。官至礼部尚书。参与校定三《礼》、三《传》等。

滑

【姓氏起源】

周朝时有小国名叫滑国，被晋国灭后，其子孙遂有以原国名滑为姓。

【名人】

滑寿，元朝末年的医学家，精通《素问》《难经》，又融通张仲景、刘守真、李明之三家学说，著有《读伤寒论抄》等医书。艺术高超，医德崇高，而受时人赞誉。

裴

【姓氏起源】

秦非子子孙受封于裴乡为诸侯，其后子孙遂以裴为姓。又春秋时，颛顼的后代受晋平公封于裴中（现陕西岐山），人称裴君，其后子孙遂有以裴为姓。

【名人】

裴楷，字叔则，西晋河东郡闻喜人，时称"玉人"。官至中书令。

博览群书，精通《老子》《易经》。

裴行俭，字守约，唐代绛州闻喜人，名将，官至定襄道行军大总管。

裴坦，唐代闻喜人。官至同中书门下平章事。居太平里，人称太平宰相。

陆

【姓氏起源】

田完之裔孙、齐宣王少子通受封于陆乡，其后子孙遂有陆姓。二源于鲜卑族复姓所改。南北朝时的北魏陆孤氏，后改姓陆。三源于春秋时有陆浑国（现河南嵩县），其后也有以陆为姓。

【名人】

陆羽，字鸿渐，唐代复州竟陵人。隐居苕溪，自称桑苎翁。著有《茶经》，是我国第一本关于茶叶的书，被坊间称为茶神。

陆龟蒙，字鲁望，唐代长洲人，时隐居松江甫里，又称甫里先生。自号江湖散人，或号天随子。常与皮日休吟诗作画，朝廷曾以高官征召他，也不去。

陆游，号放翁，字务观，宋代越州山阴县（现浙江绍兴）人。南宋诗人。著有《剑南诗稿》《渭南文集》等。

荣

【姓氏起源】

荣姓的始祖，是黄帝座前的大臣荣将，或称为荣援、荣猨。在《吕氏春秋》有记载，据说荣授曾经奉黄帝之命，与伶伦共铸十二钟，以和五音，是中华民族音乐的始祖，也是荣后人尊为荣姓的得姓始祖。

【名人】

荣广，字王孙，汉代鲁国人。从瑕丘江公受《谷梁春秋》及《诗》，尽能传其所学。

翁

【姓氏起源】

周昭王庶子食采于翁山（现浙江定海），其后子孙遂以邑名翁为姓。

【名人】

翁肃，字彦恭，宋代崇安人。官至朝散大夫。时与翁彦约、翁彦深、翁彦国三兄弟，翁延庆、翁蒙六人同姓、同乡且同朝居高官，人称六桂同芳。

翁德广，宋代人。淳熙年间，曾任溪县知县。朱熹称赞他不爱赫赫功名，唯爱民如水。

翁方纲，字正三，清代大兴县人。官至内阁学士。精于金石考据，擅长书法、词章。

荀

【姓氏起源】

周文王其子有受封于郇，后建郇国，人称郇伯，其后代子孙遂有将郇改为荀作姓。

【名人】

荀子，名况，字卿，战国末期赵国猗氏（现山西安泽）人。思想家、文学家、儒家代表人物之一，时人称"荀卿"。后因避西汉宣帝刘询讳，"荀""孙"二字古时音通，故又称孙卿。荀子对儒家思想有所发展，对重整儒家典籍也有贡献。

羊

【姓氏起源】

春秋时，晋国大夫祁盈受封于羊舌，人称羊舌氏，其后子孙遂去舌字改为羊姓。又有记载，古时有官名羊人，负责宰羊祭祀等方面的事情，其后子孙渐以官名羊为姓。

【名人】

羊绍素，唐昭宗乾宁年间状元。

羊昭业，字振文，吴人，唐末登进士第。著有诗集。

於

【姓氏起源】

黄帝的大臣名则，用草和麻编织以发明了鞋子，给古人光脚无鞋的历史画上了句号，因功受封于於邑，时人称於则，其后子孙遂以於为姓。

【名人】

於清言，晋陵（现江苏武进）人，南宋画家。官至浙西安抚司、计议官。擅画荷花，专画荷花草虫，著有《图绘宝鉴》《毗陵志》《历代画史传》等。

惠

【姓氏起源】

源于周惠王的后代子孙将先祖的谥号惠宇为姓。二源于颛顼后裔，陆终的第二个儿子名惠连，惠连后代子孙遂以惠为姓。

【名人】

惠施，宋国人，战国时政治家、辩客和哲学家。他主张魏国、齐国和楚国等国联合起来对抗秦国，并建议尊齐为王，是合纵抗秦时最主要的组织人和支持者。

惠崇，建阳（现福建建阳）人，北宋僧人、画家。作画有《春江晚景》，后被苏轼于画上提诗《惠崇春江晓景》，其中"竹外桃花三两枝，春江水暖鸭先知"尤为后人称赞。

惠士奇，字天牧，一字仲孺，晚号半农，人称红豆先生，苏州人。清代画家、学者、经学家，其子惠栋亦为清代经学家。

甄

【姓氏起源】

古代制作陶器所用的转轮叫做甄，陶瓦工匠们也被称做甄工，其子孙后代遂有以甄为姓。二源于皋陶次子名仲甄，其后代有以甄字为姓。

【名人】

甄宇，官至东汉太子少傅。建武帝时，每逢腊月，朝廷都要给博士发羊，每次甄宇都挑瘦的拿。因在朝会上，皇帝问瘦羊博士何在，后人称其为瘦羊博士。

甄立言，唐代医学家，当时很有声望。著有《本草音义》《古今录验方》等。

甄鸾，北周司隶校尉、汉中太守。擅于精算。著有《五经算术》等。

麴

【姓氏起源】

俗称酒母，用于酿酒制酱的发酵物。掌管酿造官员的子孙后裔遂以麴为姓。二源于说鞠氏后代在汉代时，因避难而迁徙，后改鞠姓为麴姓。

【名人】

麴允，晋代时，官至左仆射。与游氏代为豪门大族。有民谚说："麴与游，牛羊不数头。"

麹伯稚，隋代高昌国（现新疆吐鲁番地区）国王。与华容公主结婚，促进了中原汉人与边疆少数民族的团结。

家

【姓氏起源】

周考王有子名家父，在周朝为卿士，其子孙后裔遂以家为姓。二说是《诗经·小雅·节南山》的作者家父，周代大臣。面对执政者的暴虐，他挺身而出，希望周王用人唯贤，为民谋福，得后人之尊敬，遂以其名家为姓。

【名人】

家定国，字退翁，眉山（现属四川）人，宋文学家。善于诗文，曾与苏轼、苏辙唱和。著有律诗、杂文，今已佚。

家勤国，宋学者。与苏轼、苏辙为同门友。元佑时，司马光当政废除新法，勤国忧郁不寝，作《室喻》，苏轼、苏辙读之亦敬叹。

封

【姓氏起源】

传说炎帝的后裔孙名钜为黄帝的老师，在夏朝时，他的后裔受封于封父（现河南封丘），建封父国，其后人遂以封为姓。

【名人】

封孚，字处道，后燕慕容宝时，官任吏部尚书。为人谦虚博纳，甚有大臣之体。

封隆之，后魏吏部尚书。奇谋妙算，知大政方略，历事五帝，官至吏部尚书，世称博大长者。

芮羿储靳 汲邴糜松 井段富巫 乌焦巴弓

芮

【姓氏起源】

西周时，周武王封姬姓司徒于芮（现陕西大荔），建芮国，人称芮伯。春秋时，被晋国所灭，其子孙后代遂以芮为姓。

【名人】

芮麟，字志文，安徽宣城人，明代知府。由国子生累官台州知府，清廉宽简，吏民信服。

芮城，清代学者，江苏溧阳人。博通经书，文章曾风靡一时，后隐居著书，著有《礼记通志》《纲目分注补遗》等。

羿

【姓氏起源】

夏代，穷氏部落首领名叫后羿，又称夷羿，善于射箭，传说他射了九个太阳，仅留一个。其后子孙遂有以羿为姓。

【名人】

羿忠，明代湘阴人，洪武年间曾任遂宁知县，颇有政绩。

储

【姓氏起源】

古时有小国名储，其后人以国名储为姓。二源于春秋时齐国有大夫名储子，其子孙后有以储为姓。

【名人】

储光羲，唐代开元年间进士，授翰林，历任县尉、监察御史等。以山水田园诗著称于时，诗风质朴、古雅，富有民歌风韵。后人常将其与王维、孟浩然、韦应物、柳宗元并称。

171

储用，宋代学者，为官有惠政，又一心为民，曾得朱熹的赞赏。

靳

【姓氏起源】

战国时，楚怀王的侍臣名尚，受封于靳，人称靳尚。其后有子孙遂以靳为姓。

【名人】

靳贵，明朝文士，曾任武英殿大学士。为人正真，学识广博，朝议出于公心，常令人敬重。

靳学颜，字子愚，明代嘉靖年间进士，授南阳推官，入为太仆卿，巡抚山西。著作颇多，著有《雨城集》。

汲

【姓氏起源】

周文王的后裔有受封于卫，建立卫国。卫宣公时，太子居于汲，人称太子汲，其后子孙遂有以汲为姓。

【名人】

汲黯，汉武帝时大臣，为官以清静治民。因清静治民而使该郡大治，故名声响亮，而得皇帝器重，将其召回朝廷，拜为主爵都尉，被称为社稷臣。

汲固，北魏梁城人，后魏孝文帝时兖州刺史为表彰其节义，任其为主簿。

邴

【姓氏起源】

春秋时，晋国大夫豫受封于邴（现山东费县），人称邴豫，其后有子孙遂以邴为姓。

172

【名人】

邴辅，春秋赵国人。自幼好读书，多才多艺，尤其长于工艺制作。战乱年代，许多宫殿房屋、古代建筑都被毁于战乱之中。他招募一批有经验的工匠，仿照旧式样为赵国恢复建成豪华的宫殿房屋，一时名扬天下，成为当时著名的建筑学家。

糜

【姓氏起源】

夏代时，有部落族为糜氏，其后遂以糜为姓。二源于古代种植物糜子以作食物，后人遂有以糜为姓。

【名人】

糜信，三国时期吴国人，经学家，官乐平太守。著有《春秋谷梁传注》《春秋说要》等。

糜芳，字子方，糜竺之弟，在刘备入川时，为刘备所重用，曾任南郡太守，与关羽共守荆州。

松

【姓氏起源】

秦始皇登泰山祭天时，适逢大雨，幸有一棵松树得以避雨，当时受封禅的大臣中后遂有以松为姓。

【名人】

松赟，隋代北海县人。性刚烈，重名义，死于杨厚之难，城中皆流涕，锐意倍增。

松筠，字湘浦，蒙古正蓝旗人。嘉庆年间曾任武英殿大学士，谥号文清。一生疾恶如仇，在和珅面前从来不屈服，所以被久留边远地区任职。著有《品节录》《绥服记略》《伊犁总统事略》等。

井

【姓氏起源】

周朝虞国有大夫名井伯,其后裔中就有以井为姓。二源于虞国有人受封于井邑,其后有子孙以井为姓。

【名人】

井勿幕,字文渊,陕西蒲城人,中国最早的同盟会员之一。幼时聪敏好学、志向远大,在辛亥革命中,积极奔走,被孙中山誉为革命的"后起之秀"。

段

【姓氏起源】

春秋时,郑国武公之子共叔段,其后子孙有以祖父的名段为姓。二源于老子后裔有在鲁国为卿,食采于段邑,其后子孙遂有以段为姓。

【名人】

段干木,战国时魏国人,隐居魏国,屡封官禄而不受。魏文侯亲自上门拜访,干木甚至逾墙而避之。

段成式,字柯古,唐代临淄人。官至太常少卿。著有《酉阳杂俎》。

富

【姓氏起源】

源于周朝大夫富辰之后。二源于春秋鲁国有富父氏,其后亦有以富为姓。

【名人】

富弼,字彦国,洛阳人,北宋大臣。曾任宰相,曾劝神宗"二十年口不言兵"。

富恕,字子微,自号林屋山人,元代著名诗人、画家。尝绘《仙山访隐图》。

巫

【姓氏起源】

源于古代掌管祝祷、占卜、治病，以舞降神的人，人称巫师，其后遂有以巫为姓。二源于商朝时太宰巫咸之子名贤，史称巫贤，其后人遂有以巫为姓。

【名人】

巫妨，上古时代一位身兼医、筮两道的著名人物，著有《小儿颅脑经》，可用以判病疾，为我国最早的一部幼儿科医学专著。

巫子肖，广东省龙川县人，明神宗万历年间的新喻知县，清政廉洁，而被百姓誉为青天。

乌

【姓氏起源】

源于古代少昊氏以鸟名官，有乌鸟氏，其后为乌氏。二源于南朝宋时，安定国，其王姓乌。三源于古代鲜卑族复姓所改。南北朝时北魏乌石兰氏，进入中原后改为乌姓。

【名人】

乌获，战国时秦国勇士，力冠，能举鼎。

乌枝鸣，春秋齐国大夫，戍守宋国边疆。宋国华氏作乱，枝鸣诱敌与敌短兵相接，取胜。

焦

【姓氏起源】

源于以国名为姓。周武王封神农之后于焦（现河南陕县），其后人以国名焦为姓。二源于南方少数民族姓氏，南中夷四姓有焦氏。

【名人】

焦仲卿，汉代《古乐府》诗中的人物，其妻刘氏，与他是对恩

175

爱夫妻，但刘氏为焦母所不容，被逐出家门，投河而死，焦仲卿哀痛之极，亦自缢身亡。

焦竑，字弱侯，明代江宁人，万历年间进士。在翰林院做修撰工作，著有《焦氏笔乘》等。

巴

【姓氏起源】

春秋时，有巴子国（现在四川巴水），后被秦国所灭。原国人后遂以国名巴为姓。

【名人】

巴肃，东汉渤海郡人，能以自身品行影响他人。与郭林宗、夏馥、范滂、尹勋、蔡衍、羊涉、宗慈并为八顾。

巴金，原名李尧棠，字芾甘，四川成都人。现代文学家、出版家、翻译家。中国当代文坛的巨匠，代表作品"激流三部曲"：《家》《春》《秋》。

弓

【姓氏起源】

源于古时主管负责制造弓弩的官叫弓正，其后子孙遂有以弓为姓。二源于春秋鲁大夫叔弓之后。

【名人】

弓翊清，字菱溪。少通经史，旁涉诸子百家，过目成诵。清代嘉庆年间进士。历任四川资阳、成都等县知县，成都府知府、眉州直隶州知州。曾主修《四川通志》。

牧隗山谷 车侯宓蓬 全郗班仰 秋仲伊宫

牧

【姓氏起源】

源于以官名为姓，春秋时卫国康叔后代有主管放牧之官，其后子孙遂有以牧为姓。二源于黄帝时名臣力牧，力牧后裔遂以牧为姓。

【名人】

牧相，明代广西参议，与理学家王阳明同是王华的得意学生，受王华的器重。以疏请罢礼部尚书崔志瑞等而享有盛名。

隗

【姓氏起源】

夏桀被商汤灭后，其后裔受封于隗，建隗国（现湖北秭归）。春秋时被楚国所灭，其后代子孙遂有以隗为姓。

【名人】

隗林，又作隗状，秦朝丞相，秦始皇统一中国后的第一任丞相。

隗嚣，东汉名将，王莽末期，据陇西起兵，初附刘玄，任御史大夫；后封西州上将军。

山

【姓氏起源】

源于官职为姓。周朝时设有山师之官，主管山林树木，其后代遂有以山为姓。二源于传说炎帝生于厉山的山洞内，其后有后裔以山为姓。

【名人】

山涛，字巨源，晋代吏部尚书，竹林七贤之一。武帝时任尚书之职，每选用官吏，皆先秉承晋武帝之意旨，且亲作评论，时称山公启事。

谷

【姓氏起源】

秦人先知非子，曾居于秦谷（现甘肃天水），其后裔有以秦为姓，有以谷为姓。二源于鲜卑族复姓谷会氏，进入中原后改为谷姓。三源于唐代复姓谷那氏，其子孙后改姓谷。

【名人】

谷永，字子云，汉代长安人。官至大司农。与楼护同为五侯上客。人称"谷子云笔札，楼君卿唇舌"。

车

【姓氏起源】

黄帝时有大臣名车区，主管星相占卜，其后遂有以车为姓。二源于秦穆公时，其辅佐大臣子车氏一族，其后以车为姓。三源于汉武帝丞相田千秋，因其年迈上朝乘车以出入，人称车丞相，其后遂有以车为姓。

【名人】

车大任，明代官吏，万历进士，官至浙江参政。著有《萤囊阁正续集》。

车万育，字双亭，号鹤田，湖南邵阳人。清代官吏，康熙进士，官至兵科掌印，以敢言著称。著有《声律启蒙》《怀园集唐诗》《萤照堂明代法书石刻》等。

侯

【姓氏起源】

春秋时，晋国哀侯与其弟都被晋武公所杀，其子孙逃奔他国，后以原爵位侯为姓。二源于夏后氏之后裔，有受封于侯国，其子孙遂以侯为姓。三源于鲜卑族复姓所改。南北朝北魏复姓侯奴氏、侯

178

伏氏，进入中原后改为侯姓。

【名人】

侯方域，字朝宗，明末清初河南郡商邱人，擅于写诗。与方以智、冒襄、陈贞慧合称为四公子。曾与名妓李香君相爱，因权贵田仰迷恋李香君的貌美佳艺，强娶香君，而香君不从，血溅扇面。传奇故事《桃花扇》就是孔尚任根据此故事写成。

宓

【姓氏起源】

源于伏羲后代，因上古之时，宓与伏音同，伏羲也作宓羲，其后遂有以宓字为姓。

【名人】

宓妃，上古时期伏羲的女儿，溺死于洛水，相传为洛水之神。

宓不齐，春秋时期鲁国单父侯，也称伏子贱、伏不齐，是孔子的学生。曾经担任过单父宰，当时他鸣琴而不下堂治，但是一样把单父治理得很好。孔子很喜欢听音乐，觉得音乐能调和人心，使国君和百姓和睦共处。

蓬

【姓氏起源】

西周时，周王室封其一支后裔子孙于蓬州，居其地者后遂以蓬为姓。二源于蓬姓祖先用蓬草以筑屋，其后子孙遂用蓬字为姓。

【名人】

蓬萌，字子庆，后汉时期北海人。曾在当地担任亭长职位。后听说王莽为了专权，将自己的儿子都杀掉了。于是他将亭长的衣服帽子挂在城门，就带着家人渡海而去，隐居崂山，在那里修炼。

全

【姓氏起源】

源于官名为姓。西周时，设有泉府之官以负责管理钱财，其后遂有以泉为姓，又泉与全音同，渐演化成全姓。二源于传说中有邑名全，居其地者皆以全为姓。

【名人】

全元起，南朝时医学家，也作金元越。著有《注黄帝素问》，为我国最早对《素问》之注解。

全整，字修斋，喜好研究杨简之学，明代学者，不愿入仕。永乐初年，明成祖征召他编修《永乐大典》，他不愿就职。著有《三石山房文》。

郗

【姓氏起源】

源于以邑名为姓，西周时，周王室封东夷族少昊氏挚的后裔于郗邑，其后子孙遂以郗为姓。

【名人】

郗超，字景兴，东晋大臣。祖父是东晋名臣郗鉴，父亲是郗愔，郗愔好聚敛，积钱数千万，曾开库任郗超所取。郗超生性好施予，一日之内，将钱全部散与亲故。郗超帮助桓温策划，扶持司马昱即晋简文帝，升为中书侍郎，执掌朝廷机要。

班

【姓氏起源】

楚国时，令尹子文小时被弃，于野外食老虎之乳长大成人，因虎身有斑纹，其后代遂取斑纹的斑为姓，后写作班。

【名人】

班固，字孟坚，后汉班彪之子。他的父亲班彪写《汉书》没有完成就死去了，后明帝任命他为兰台令史，典校秘书，终于写成了《汉书》。擅长作赋，撰有《两都赋》《幽通赋》等。

仰

【姓氏起源】

秦惠王有子名印，人称公子印，其后人遂加人字旁做仰字以为姓。二源于舜帝时大臣名仰延，精通音乐，修缮乐器，使原本只有八根弦的瑟增加到二十五根弦，使音阶和音律都大为改观，其后子孙遂有以仰为姓。

【名人】

仰忻，字天贶，宋代孝子。年五十余岁丧母，自己背了土筑坟，并且在墓旁建屋守墓。

秋

【姓氏起源】

春秋时，鲁国有大夫仲孙湫，他的裔孙名胡，人称湫胡，其后代子孙遂有去水偏旁以秋为姓。根据湫胡的故事后人编成京剧《秋胡戏妻》的剧目。

【名人】

秋瑾，字璇卿，号竞雄，自号鉴湖女侠。清末女革命家、诗人。曾东渡日本留学，回国后参加同盟会，任评议员、浙江分会主盟人。后因率少数师生武装抵抗，失败被捕，英勇就义，年仅32岁。

仲

【姓氏起源】

黄帝的后裔高辛氏中有叫仲熊和仲堪的人，其后世子孙遂有以仲为姓。二源于商汤时有左相名仲虺，其后裔子孙有以仲为姓。三源于周宣王时有卿士名仲山甫，大力辅佐周王室，其后代子孙中有以仲为姓。

【名人】

仲仁，北宋画家、高僧，号华光长老。善画梅，用水墨浑写，创为墨梅，画有《华光梅谱》。

伊

【姓氏起源】

源于伊祁氏，出自远古帝王唐尧，属于以居邑名称为氏。源于姒姓，出自商朝大臣伊尹之后，属于以居邑名称为氏。

【名人】

伊尹，商朝大臣、伊姓始祖，辅佐商汤，佐商灭夏，综理国事。

宫

【姓氏起源】

源于以官职为姓。周朝时设有宫人负责修缮、打扫王宫庭院，其后子孙遂有以宫为姓。二源于春秋时鲁国孟僖之子曾于南宫为官，其后子孙中遂有以宫为姓。

宁仇栾暴 甘钭厉戎 祖武符刘 景詹束龙

百家姓

宁

【姓氏起源】

春秋时，秦襄公的曾孙死后谥号为宁，世称宁公，其后子孙遂有以宁为姓。二源于卫国成公之子季亹曾受封于宁邑，其后以邑名宁字为姓。

【名人】

宁俞，即卫武子，春秋时期卫国大夫。勤于政事，忠诚贤良。孔子称其为"邦有道则智，邦无道则愚，其智可及也，其愚不可及也"。

宁调元，字仙霞，号太一，湖南醴陵东富乡人。近代革命党人。著有《太一遗书》。

仇

【姓氏起源】

源于夏代九吾氏，建诸侯国九国。后商末时，为避纣王杀，其后代子孙加人字旁，为仇姓。二源于春秋时宋国大夫仇牧之后。宋缗公被杀，仇牧为主报仇，讨伐宋万，不幸被宋万摔死。仇牧的后代遂以他的名字为姓。三源于侯姓。后魏时有中山人侯洛齐，本为侯姓，后从养父姓仇。

【名人】

仇台，东汉人，住在东海之滨，因仁信有名，吸引许多人来归附他，"百家济海"由此而来。

仇英，字实父，号十洲，现为江苏太仓人。著名画家，明代四大家之一。

183

栾

【姓氏起源】

周成王姬诵的弟弟唐叔虞，其后裔晋国晋靖侯的孙子名宾，受封在栾邑，人称栾宾。栾宾的孙子栾枝把邑名作为姓，其后遂有栾姓。二源于姜太公之后有人名子栾，子栾的后代遂取栾字为姓，世代相传，是为栾姓。

【名人】

栾布，秦末汉初梁人。刘邦诛灭梁王彭越后，栾布置生死于不顾，给彭越收尸。刘邦感动于他的大义，赦免其死罪并任命他为都尉。

暴

【姓氏起源】

商代时，诸侯暴辛公建暴国，后周朝时由郑国兼并，其原国人后以暴为姓。

【名人】

暴昭，明朝初年名臣，洪武年间曾任刑部右侍郎、左都御史、刑部尚书。建文初年充任北平采访使，得知燕王朱棣欲起兵谋反的消息，密报建文帝，请预先做好准备，后受终篡位成功的燕王诛杀。

甘

【姓氏起源】

夏朝时，有诸侯国甘国，亡国后，其君主家族四地散居，其后遂有以原封国名甘为姓。二源于商王武丁曾拜甘盘为师，后启用甘盘为相国，其后子孙有以甘为姓。三源于周武王姬时，其族人有受封于甘地者，人称甘伯，其后代亦为甘姓。三源于周襄王姬郑的亲弟弟曾以甘地为食邑，其后代以邑名为姓。

【名人】

甘公，名德，鲁国人，战国时为齐国史官。掌管天文，参与著有《天文星占》。他是世界上最古老星表的编制者。

甘延寿，字君况，西汉名将。官至辽东太守，汉元帝时，曾出任西域都护骑都尉。

钭

【姓氏起源】

战国时田氏代齐，齐国君主齐康公被迫流落海滨，居于洞穴，食以野菜，以酒器钭为锅，其后子孙遂有以钭为姓。

【名人】

钭滔，五代吴越国官吏。曾任处州刺史，在任期间，为官清正廉明，有惠政于民，受到当地百姓的爱戴。

厉

【姓氏起源】

厉姓的姓始祖是齐厉公。据古籍《风俗通》上记载，周朝时，姜太公的后代姜无忌去世，被追加封号为"厉"，史书上称为齐厉公，齐厉公的后代，就以这个封号为姓。后世的学者考证，古代厉国所在地，就在今湖北省随县北面厉山之下的厉乡。望族居南阳郡（今河南省南阳县），故厉姓后人尊齐厉公为厉姓的得姓始祖。

【名人】

厉鹗，（1692—1752），字太鸿，又字雄飞，号樊榭、南湖花隐等，钱塘（今浙江杭州）人，清代著名诗人、学者，浙西词派中坚人物。

戎

【姓氏起源】

周朝时候，朝廷里面设有一种官职叫作"戎右"，专门负责主管兵器（"戎"在古代就是兵器的意思）。戎右的后代有的以官职作为姓氏，称为戎氏，世代相传，成为今天戎姓的来源。周成王姬诵平定了武庚叛乱后，把商王朝的旧都城周围地区分封给商纣王的庶兄微子启，在微子启的后世子孙中，有以戎为姓者，史称戎氏正宗，望族出江陵郡（今湖北江陵）。

【名人】

戎赐，辅助汉高祖刘邦开创天下时的功臣，定三秦、破项籍，都有他的功劳。刘邦统一天下后，升任其为都尉，又封柳丘侯。

祖

【姓氏起源】

殷商后裔中的几个国王，先后分别有祖甲、祖乙、祖己、祖丁，他们的后代遂以祖为姓。

【名人】

祖逖，字士稚，范阳遒县（现河北涞水）人，东晋将领。勤奋习武，后留有"闻鸡起舞"的典故。

祖冲之，南朝科学家，比欧洲早一千多年算出圆周率 π 值，著有《缀术》等。

武

【姓氏起源】

夏代时有穷部落的后羿，在武罗的帮助下曾一度为夏王太康君位，武罗的后代遂有以武为姓。二源于殷纣王子辛的长兄宋微子，曾受封建立宋国。至春秋时，宋国君有武公，其后子孙以其谥号武为姓。三源于周平王少子出生时手心有武字手纹，故名姬武，其子孙后遂以武为姓。

【名人】

武则天，名曌，山西文水人。六十七岁登基称帝，在位十五年，是我国历史上唯一的女皇帝。

武禹襄，清代河北人，武式太极拳创始人。其手法融贯众派，浑然一体，人称"武式小架"。

符

【姓氏起源】

源于以官名为姓。春秋鲁顷公之孙雅在秦国担任符玺令，主管负责传达命令派遣军队的符节印玺，其子孙后代遂以有符为姓。

【名人】

符曾，浙江钱塘人。累官至户部郎中。诗文气韵尤高，尝与人同撰《南宋杂事诗》。著有《春凫小稿》《半春唱和诗》等。

刘

【姓氏起源】

夏帝孔甲时，唐尧之子丹朱的后裔有叫累的人曾为孔甲养龙（驯养鳄鱼），因此功受封于刘地，人称刘累。其后子孙遂有以刘为姓。二源于春秋时，周匡王姬班封小儿子王季于刘邑（现河南堰师），号刘康公，其后代也有刘姓。四源于北魏时有少数民族改姓刘，另汉高祖刘邦曾赐娄敬、项伯之族刘姓。

【名人】

刘邦，字季，沛县丰邑（现江苏丰县）人。起兵反秦，建立西汉，史称汉高祖。

刘秀，字文叔，南阳郡蔡阳乡（现湖北枣阳）人。建立东汉，史称汉光武帝。

刘备，字玄德，涿郡（现河北涿州）人，三国时期军事家、政治家，建立蜀汉王朝。

刘勰，南朝梁文学理论家。著有《文心雕龙》，是我国古代文学理论批评的巨著。

刘鹗，清末小说家，晚清四大谴责小说之一《老残游记》的作者。

景

【姓氏起源】

春秋时楚国大夫景差，善于楚辞，其后人遂有以景为姓。二源于春秋时齐国景公的后代，以其谥号景为姓。

【名人】

景丹，汉光武中兴时云台二十八将之一，能文能武，也很有谋略，曾为汉武帝击破王郎等，战功彪炳，被封为栎阳侯。

詹

【姓氏起源】

黄帝后裔受舜帝封于詹地，其后遂有詹姓。二源于周宣王封其支庶子孙于詹地，人称詹侯，其后是以詹为姓。

【名人】

詹天佑，字眷诚，号达朝，广东南海人。中国首位杰出的铁路工程师，负责修建了京张铁路等铁路工程，有"中国铁路之父"之称。

束

【姓氏起源】

战国田齐公族中有疎姓，因战乱避祸，遂有改姓为束。二说疎姓后裔，在王莽时为避难，去掉足字旁边，取束为姓。

龙

【姓氏起源】

据说在黄帝时代，有大臣名龙行。二源于是纳言龙和豢龙氏的后代。三源于夏朝御龙氏刘累的后裔，也有以龙为姓的。

【名人】

龙正，明代人，著有《八阵图合变说》，我国历史上第一部论八卦阵法学专著，堪称八卦阵临敌应变的压轴之作。

叶幸司韶 郜黎蓟薄 印宿白怀 蒲邰从鄂

叶

【姓氏起源】

春秋时楚国沈尹戌之子叶公，本名沈诸梁，后因受封为叶邑尹，人称叶公，也是"叶公好龙"中的叶公。其子孙后世袭爵位，是以封邑名叶为姓。二源于南方少数民族中。

【名人】

叶圣陶，现当代著名作家、教育家。

叶挺，名询，字希夷。中国人民解放军的创建人和新四军领导人，杰出的军事家。

幸

【姓氏起源】

传说古代君王身边总有不少受宠幸的大臣，其后人引以为荣，遂以幸为姓。

司

【姓氏起源】

春秋时郑国有个大夫名叫司成，其后有以司为姓。二源于复姓司徒、司马、司寇，其后裔中有后改姓司姓。

韶

【姓氏起源】

传上古舜帝之乐，韶乐，美妙动听。孔子曾于齐国闻韶乐，三月不知肉味。因此后人遂有以韶为姓。

郜

【姓氏起源】

周文王之子有受封于郜，建郜国，春秋时被宋桓公灭，郜国子孙后遂以国名郜为姓。

黎

【姓氏起源】

颛顼后裔子孙有受封于黎阳，建黎国，其后代子孙有以黎为姓。至商朝末年，黎国被周灭后，被封于给尧的后裔，这支后裔遂也有以黎为姓。二源于南北朝北魏鲜卑族复姓素黎氏，随魏孝文帝定居洛阳后，改姓黎。

【名人】

黎贞，著有《秫坡集》《家礼举要》《古今一览》等。他的学术思想对明朝中叶倡导理学深化起到作用。

黎简，字简民、号二樵，又号百花村夫子，顺德人。清书画家、诗人。著有《五百四峰堂诗钞》。

蓟

【姓氏起源】

西周初，黄帝后裔受周武王封于蓟，建蓟国，其后子孙遂以蓟为姓。

薄

【姓氏起源】

源于商代时，诸侯中有薄姑氏，其子孙后代遂有以薄为姓。二源于春秋时，宋国有大夫受封于薄城，居其地者子孙遂以邑名为姓。三源于南北朝时，鲜卑族复姓薄奚氏，随魏孝文帝定居洛阳后，有后裔改作薄姓或奚姓。

印

【姓氏起源】

春秋时，郑成公名喻，字于印。其后代子孙遂有以祖父之字印为姓。他的孙子段曾著《蟋蟀赋》，被誉为保家之士。

宿

【姓氏起源】

西周初，伏羲氏后裔在宿地（现山东东平）受周武王封侯，其后子孙遂以宿为姓。

白

【姓氏起源】

上古炎帝神农氏时，有水利大臣名白阜，因治水有功，其子孙后代就以他的名为姓。二源于楚国时有白邑，居其地者以白为姓。三源于唐代时，其地有白州，当地人以地名为姓。

【名人】

白居易，字乐天，号香山居士。唐代著名诗人。其诗语言通俗易懂，人称"诗魔"和"诗王"。代表作有《长恨歌》《卖炭翁》《琵琶行》等。他主张"文章合为时而著，歌诗合为事而作"。

白朴，字太素，号兰谷，元代戏曲作家、词人。杂剧代表作是《唐明皇秋夜梧桐雨》，即《梧桐雨》，标题名取材于白居易的《长恨歌》"秋雨梧桐叶落时"诗句，其内容取材于唐人陈鸿《长恨歌传》。

怀

【姓氏起源】

西周时，周武王封其子叔虞于怀地，至周成王时，叔虞又受封于唐（现山西翼城），原居于怀地的后裔遂有以怀为姓。二源于春秋时，宋国微子启的后裔中有改姓怀的。

蒲

【姓氏起源】

夏禹封舜的后代于蒲邑，其后有子孙遂以蒲为姓。

邰

【姓氏起源】

后稷之母名姜嫄，为有邰氏之女。其后裔因功受封邑于邰，子孙后代遂有以邰为姓。

从

【姓氏起源】

东周时，平王之子精英受封于枞（现安徽枞阳），建枞国，人称枞侯。枞侯之后枞公时为刘邦大将，因战被项羽所杀。枞公子孙将枞字去木留从，改姓从，是为从姓源起。

【名人】

从贞，繁昌人，明代名臣。为官清廉，爱惜士兵，时为人所称颂。

从所向，明朝大臣，为官清明廉洁。燕王棣率军破城时遇难。

鄂

【姓氏起源】

春秋时，晋孝侯之子郄受封，因其原居于鄂，世称晋鄂侯，其后子孙遂以鄂为姓。二源于春秋时，楚王有子受封于鄂（现湖北鄂城），居其地者子孙遂有以鄂为姓。

索咸籍赖 卓蔺屠蒙 池乔阴郁 胥能苍双

索

【姓氏起源】

源于殷商遗民"殷民七族"七姓之一，其居住地为现河南商丘一带，此为索姓之源。

咸

【姓氏起源】

尧帝时有巫祝之官名咸，其神通广大，能为人延年，咒树能枯，咒鸟能坠，子孙引以为荣，遂以咸为姓。二说巫咸是商朝时主管负责占卜巫祝的大臣，他的后代是以咸为姓。

193

籍

【姓氏起源】

源于以官职为姓。春秋时晋国大夫荀林父之孙管理国家典籍文献，其后代遂以官职籍为姓。

赖

【姓氏起源】

西周初，周武王封炎帝后裔于赖，建赖国，后被楚国所灭，子孙出逃四地为居，其后有以原国名赖为姓。

【名人】

赖文俊，字太素，自号布衣子，世称赖布衣。宋代地理学家，著有《催官篇》。

赖宁，1988 年 3 月 13 日，为扑灭火灾遇难，保护了电视地面卫星接收站的安全。同年 5 月，共青团中央、国家教委授予"英雄少年"的光荣称号。

卓

【姓氏起源】

春秋时，楚威王之子名卓，人称公子卓，其后遂有卓姓。二说卓姓为楚国大夫卓滑之后。

蔺

【姓氏起源】

春秋末期，韩、赵、魏三家分晋。韩国公族有后裔在赵国受封于蔺，其后子孙遂有以此为姓。据说蔺相如即出此家族。

【名人】

蔺相如，战国时期赵国名相，官至上卿。为人勇武机智，远见

194

善谋，曾为赵国御秦立下汗马功劳。成语典故"完璧归赵"、"负荆请罪"就源于他的事迹。

屠

【姓氏起源】

黄帝为不让九黎族人集聚反抗，将其分居各地，其中居住于屠地的遂以屠为姓。二源于商朝王族有受封于屠地者，其后代改姓屠。三源于以职业为姓，以屠宰牲畜为职业者，其后代遂以屠为姓。

【名人】

屠本畯，字田叔，明代太常典薄，历官至辰州知府。喜读书，著有《田叔诗草》等。

屠隆，字纬真，一字长卿。明代吏部主事。常与名贤饮酒作诗，游山玩水，著有《昙花记》。

蒙

【姓氏起源】

颛顼后裔在夏朝初期时，受封于蒙双（现山东界内），其后遂有以蒙为姓。

池

【姓氏起源】

战国时期，秦国王族公子名池，声名显赫，其子孙后遂以池为姓。二源于春秋时，城邑都建有城墙和护城河，又因护城河也称池，居住护城河边的后人遂有以池为姓。

【名人】

池裕德，字士爵，号明洲。明中太常寺少卿，为官廉洁，办案果断。著有《空臆录》《怀绰集》《居室篇》等。

195

乔

【姓氏起源】

传说轩辕黄帝死后被葬于桥山（现陕西黄陵），其后子孙中，留居于桥山以守陵墓之后裔去木字旁以乔为姓。二源于东汉太尉桥玄后代改姓乔。三源于汉代匈奴四个贵姓兰、乔、呼衍、须仆之一。

【名人】

乔吉，字梦符，号笙鹤翁，又号惺惺道人，山西太原人。元代戏曲作家。一生穷困潦倒，寄情于诗酒、山水和青楼调笑之作。著有杂剧《两世姻缘》等。

阴

【姓氏起源】

春秋时，齐国宰相管仲后代孙管修仕楚，受封为阴邑大夫，人称阴修，贤名有德，其后子孙后代遂有以阴为姓。

郁

【姓氏起源】

古时扶风的郁夷县，胶东的郁秩县，还有郁致县，居其地者后以郁为姓。二说古代有吴大夫受封于郁国，其国人后以郁为姓。

胥

【姓氏起源】

春秋时，晋国大夫名胥臣，曾与晋公子重耳友善，后受封加爵，其后子孙遂有以胥为姓。

能

【姓氏起源】

西周初，周成王封臣熊绎建楚国，熊绎之子熊挚受封于夔国，后被楚国所灭，为避乱遭杀，夔国后人遂改熊姓为能字作姓。

苍

【姓氏起源】

一说源于黄帝之子名苍林之后。二说源于颛顼之后代苍舒之后。

双

【姓氏起源】

颛顼后裔的其中一支在夏朝时被封于双蒙（也说蒙双），其子孙后以双为姓，亦说有以蒙为姓。

闻莘党翟 谭贡劳逄 姬申扶堵 冉宰郦雍

闻

【姓氏起源】

春秋时，鲁国人少正卯博闻广识，他也聚众讲学，时值他是远近闻名的人，其后遂以闻为姓，或以闻人为姓。

【名人】

闻一多，诗人、学者、民主战士。新月派代表诗人，著有《红烛》《死水》，是现代诗坛经典之作。

莘

【姓氏起源】

夏王启的后裔子孙有受封于莘，其后代子孙遂有以莘为姓。二说源于商汤娶有莘国莘姓之女。

党

【姓氏起源】

夏禹后裔世居党项（现青海、甘肃一带），其居地者后遂以党为姓。二说源于春秋时晋国公族有受封邑于上党（现山西长治），其后遂以党字为姓。三源于古代西北少数民族党项羌姓所改。

【名人】

党怀英，字世杰，号竹溪，金代文学家。著有《竹溪集》等。

翟

【姓氏起源】

源于黄帝之后，居于翟地者是以翟为姓。二源于春秋时居于北地的狄族，狄、翟音同，后遂有翟姓一族。

【名人】

翟让，东郡韦城（现河南滑县）人。隋末瓦岗军将领，骁勇善战，胆略过人。

翟灏，字大川，号晴江。清代学者，著有《无不宜斋稿》《通俗编》等。

谭

【姓氏起源】

夏禹的后裔一支在周朝时被封于谭（现山东章丘），建谭国，春秋时被齐桓公所灭，其后代分居四地，留在故国的子孙后遂以原国名谭为姓。

【名人】

谭嗣同，字复生，号壮飞，湖南浏阳人。近代思想家、民主革命家。清末维新派人物，改良运动中的激进派代表。

贡

【姓氏起源】

孔子的弟子端木赐，字子贡，其子孙后代遂有以贡为姓。

劳

【姓氏起源】

山东青岛的崂山，古称劳山，居劳山里的人与外界来往甚少，至西汉时开始与外界有联系，后受朝廷所赐为劳姓。

逄

【姓氏起源】

炎帝之后裔陵在商朝时受封于逄，建逄国，其子孙后代遂以国名逄为姓。

姬

【姓氏起源】

源于黄帝出生于姬水，遂便以姬为姓，周朝王族是黄帝的后裔，遂有姬姓。

申

【姓氏起源】

炎帝的后裔于在周朝时受封于申，建申国，春秋时被楚国所灭，其子孙后代遂以申为姓。

扶
【姓氏起源】

夏禹王时，有大臣名扶登，其后代子孙遂以扶为姓。二说源于西汉初年，有巫祝名嘉，善于占卜祈祷，预言后事，因汉高祖刘邦信其能感召天神，扶助汉室，特赐巫嘉扶姓。

堵
【姓氏起源】

春秋时，郑国大夫泄寇受封于堵邑，人称堵叔，辅佐郑君，其名也善，其后遂以堵为姓。

冉
【姓氏起源】

源于帝喾高辛氏部落中有冉氏，其后代遂有以冉为姓。二说源于周文王之子季载，受封于聃国，人称聃季载，后聃又写作冉。

宰
【姓氏起源】

源于以官职名为姓。官职太宰，主管负责王家内外事务。周朝时就有大夫孔任此职，人称宰孔，其后子孙遂以宰为姓。

郦
【姓氏起源】

黄帝后裔在夏禹王时受封于郦地，建郦国，郦国亡后，其国人后遂以郦为姓。

雍

【姓氏起源】

西周时，周文王封其子伯于雍地，人称雍伯，其后子孙于是以雍为姓。

郤璩桑桂 濮牛寿通 边扈燕冀 郏浦尚农

郤

【姓氏起源】

春秋时，晋国王族叔虎因功受封于郤，建郤国，其后子孙遂有以郤为姓。

璩

【姓氏起源】

璩本是古代一种耳环，璩姓可能是出于耳环工匠之后。二说源于居住于蘧地的人以蘧为姓，后蘧与璩混为一姓。

桑

【姓氏起源】

古代东夷族首领少昊氏，他的后裔有居于穷桑，子孙遂以桑字为姓。二源于春秋时，秦国公族公孙枝，字子桑，其后代子孙遂有以桑字为姓。

【名人】

桑钦，东汉人，著有《水经》，每条水撰为一篇，记述其源流和所经地方，约有水道137条。

桑调元，字伊佐，号独往生、五岳诗人，浙江钱塘人。著有《五

201

岳诗集》《桑矶甫诗集》等。

桂

【姓氏起源】

周朝王族后裔姬季桢在秦国时任博士，秦始皇焚书坑儒时被杀。其弟季眭为避祸，桂与眭音同，便改了姓名，其后遂有桂姓。

濮

【姓氏起源】

虞舜之子有名散，受封地于濮，其子孙后代遂以濮为姓。二说源于春秋时，卫国有大夫受封于濮，其后代遂以濮为姓。

【名人】

濮澄，字仲谦，原为复姓濮阳。金陵派竹雕艺术创始人之一，著有《浅浮雕花卉小笔筒》《竹雕松树小壶》《竹雕松荫高士图》等。

牛

【姓氏起源】

周武王灭商后，商纣王庶兄微子启受封建宋国，微子启裔孙司寇牛父，为国战死，其子孙后以父名为姓。二源于北魏侍中寮允，因功受赐姓牛。三源于民间，农家人终日与牛为伴，后遂有以牛为姓。

【名人】

牛弘，字里仁，隋朝大臣。好学博闻，性格宽宏，人称大雅君子。

牛僧孺，唐代穆宗、文宗时宰相。著有《玄怪录》等。唐宪宗时期，宦官纷争，分为两派，以牛僧孺为首的牛党和以李德裕为首的李党，史上称这次朋党之争为"牛李党争"。

寿

【姓氏起源】

源于春秋时周王室支裔吴王寿梦的后代。

通

【姓氏起源】

春秋时，巴国大夫受封于通川，其后子孙遂以通为姓。二源于爵位名。秦汉时，被封为爵位彻的人地位极尊，其后子孙以爵位彻为姓。至汉武帝时，为避刘彻名讳，改彻为通。

边

【姓氏起源】

商代有小国叫边国，其国人后遂以边为姓。二源于东周襄王时，有大夫受封于边，人称边伯，其子孙后代遂以边为姓。三源于春秋时宋平公之子御戎（字子边）之后。

【名人】

边鸾，长安（现陕西西安）人，唐代画家。善于画花鸟、草木、雀蝉、蜂蝶。

边景昭，字文进，沙县人，明代画家。明成祖永乐年间任职武英殿待诏，为宫廷作画。代表作有《双鹤图》《春禽花木图》《三友百禽图》等。

扈

【姓氏起源】

禹帝后裔至夏朝时有受封地于扈，建扈国，后被启国灭掉，其国人后遂有姓扈。

203

燕

【姓氏起源】

黄帝后裔伯倏在商朝时受封于燕，史称南燕国，其公族后人以燕为姓。二源于周武王建国后，灭商功臣召公奭受封于燕，建燕国，定都为蓟，史称北燕。三源于战国时，燕国为七雄之一，被秦灭后，燕国国人遂以燕为姓。四源于鲜卑族慕容氏于北方称帝，立国号为燕，亡国后，其后人亦有以燕为姓。

【名人】

燕伋，字子思，秦地千阳人，后世称为"渔阳伯"。孔子"七十二贤弟子"之一。

燕文贵，又名燕文季，吴兴人，宋代画家。代表作有《烟岚水殿图》。他画山水人物，其手法不拘一格，自成一家，时称"燕家景致"。

冀

【姓氏起源】

周朝初年，唐尧后裔受封于冀（现山西河津），建冀国。春秋时被晋国吞并，其国王族遂以冀为姓。二说源于晋国大夫冀芮食邑于冀，其子孙遂以冀为姓。

郏

【姓氏起源】

周成王定国鼎于郏鄏，居其地者后遂以郏为姓。二说源于春秋时郑国大夫郏张的先人曾受封于郏地，其子孙后遂以郏为姓。

浦

【姓氏起源】

源于春秋时姜太公姜尚之后，晋国大夫浦跞后代。

尚

【姓氏起源】

源于夏朝时王族尚黑之后。二源于姜太公之后，西周初年辅佐武王灭商有功，被尊称为师尚父，也称姜尚。因受封于齐建国，是为齐国始祖，亦称太公。

【名人】

尚仲贤，真定（现河北正定）人，元代戏曲作家。著有杂剧《气英布》《三夺槊》《柳毅传书》等。

尚可喜，字震阳，清朝名将。

农

【姓氏起源】

源于官职名。西周初，周武王封神农氏后裔为农正，主管负责农业生产等事宜，农正后裔遂有以农为姓。

温别庄晏 柴瞿阎充 慕连茹习 宦艾鱼容

温

【姓氏起源】

春秋时，晋国大夫郤至受封于温地（现河南温县），其后遂以温为姓。二说周武王姬发之子唐叔虞的后代，曾受封于河内温，其后以温为姓。三源于改姓。北魏叱温氏、温盆氏、温孤氏后均改为温姓；清朝满洲八旗姓温特赫氏、锡伯族温都尔氏汉姓为温。

【名人】

温峤，字太真，太原祁县人。东晋名臣，官至中书令。

温庭筠，本名岐，字飞卿。唐代诗人、词人。精于音律，据说他在应考律赋时，因律赋八韵为一篇，他叉手一吟便为一韵，八叉手即完成，人称"温八叉"。与李商隐时称"温李"。

别

【姓氏起源】

古代宗法制中，嫡长子族系称为宗子，长子之外的次子等到诸子系称小宗，小宗们的次子地位称为别子。依照宗法制中不能继承祖姓，于是其后遂有以别字为姓。

庄

【姓氏起源】

春秋时楚庄王死后，其后子孙遂以其谥号庄为姓。二源于宋国国君戴武庄之后。

【名人】

庄周，即庄子。战国时思想家、哲学家和文学家。著作有《庄子》。他主张"天人合一"和"清静无为"。与老子并称"老庄"，他们的哲学思想系统，学术界称之"老庄哲学"。

庄有可，名献可，字大久，清代武进人。经学家，博通经史，著有《春秋注解》等。

晏

【姓氏起源】

源于颛顼后裔陆终，其第五子名晏安，其子孙后人遂有以晏为姓。二说源于尧帝大臣名晏龙，他的后代遂取其名晏字为姓。三说春秋时齐国有公族受封于晏，其后代遂以封地名晏为姓，传说身为齐国三朝大夫的晏婴出此家族。

【名人】

晏婴，字仲，谥平，又称晏子。齐国大夫晏弱之子。春秋后期政治家、思想家、外交家。生活节俭，谦恭下士。

柴

【姓氏起源】

齐国姜子牙后裔高柴，是孔子弟子，高柴之孙名举，后以祖父名柴为姓，叫做柴举，其后遂延用柴姓。二源于元朝灭亡后，蒙古王公贵族中有家族改姓柴。

【名人】

柴荣，邢州龙冈人，史称周世宗。五代时期后周的皇帝。

瞿

【姓氏起源】

商朝时有大夫受封于瞿上，世称瞿父，其后子孙后代以封邑瞿为姓。二源于孔子的弟子商瞿，居住于商瞿里，后改称瞿上乡，他的后代子孙便以瞿为姓。

【名人】

瞿秋白，原名双爽，江苏常州人。散文家、翻译家、无产阶级革命家。我国革命文学事业的奠基者之一，我国共产党早期主要领导人之一。著有《饿乡纪程》《赤都心史》等散文集。

阎

【姓氏起源】

西周初，周武王封周太伯曾孙仲奕于阎乡，其后子孙遂以阎为姓。二源于周康王之子封于阎，其后代亦以阎为姓。又说春秋时晋成公之子封于阎，其子孙亦以地名阎为姓。

【名人】

阎立本，雍州万年（现陕西西安）人。他善画人物、车马、台阁，尤其善于重大题材的历史人物画与肖像画，刻画入微，时人称其作品为"神品"，一时有"右相驰誉丹青"之称。代表作有《秦府十八学士》《凌烟阁功臣二十四人图》《步辇图》及唐太宗像等作品。

充

【姓氏起源】

源于官职为姓。周朝时官职中有充人，主管负责饲养祭祀时所使用的牲畜，充意为使牲畜肥壮，于是充人后代遂有以充为姓。

慕

【姓氏起源】

源于鲜卑族复姓慕容氏所改，慕容原意是指仰慕天地二仪之德，承继日、月、星辰三光之容。

连

【姓氏起源】

源于颛顼裔孙陆终第三子名惠连者，其子孙后代遂取连为姓。二源于春秋时，楚国设有连尹、连敖等官职，主管军事，其后子孙遂有以连为姓。三源于改姓。齐襄公违背了与连称和管至父的诺言，两位大夫谋反作乱袭杀了襄公。因做法终不得人心，遭人诛杀，后连称的子孙为避祸，改以连为姓。

【名人】

连庶、连庠，宋仁宗庆历年间人。传说连庶头脑聪敏、为官清廉，人称"连底清"；连庠看事透彻，处政严肃，像冰一样，人称"连底冻"。

茹

【姓氏起源】

南北朝时，有柔然部落被北朝称作蠕蠕，南朝时称其芮芮，此族进入中原后改为茹茹氏，后又改单姓茹字。二说源于汉朝如淳的后代，其后人加草字头是以茹字为姓。

习

【姓氏起源】

古时有小国习国，习国被灭后，习国人遂有以习为姓者。

【名人】

习凿齿，字彦威，襄阳人。东晋著名史学家，文学家。

宦

【姓氏起源】

出自宦官之后代，取仕宦之意，而非阉宦之宦，宦官后人以宦字为姓。二源于以官职为姓。战国时赵国设有宦者令，至汉代时有宦者令、宦者丞等，其后有以宦为姓。

艾

【姓氏起源】

夏少康王时，有大臣名汝艾，辅佐康王兴业有功，其后代遂以艾为姓。二源于春秋时齐景公宠臣名孔，受封邑于艾，人称艾孔，其后代遂有艾姓。

【名人】

艾若纳，宋朝时吴兴令。身为父母官，爱民如子。座右铭："爱民如恤血，挞吏胜看经，捧折乡胥手，何劳诵大乘。"

鱼

【姓氏起源】

春秋时宋桓公因病打算让位,太子兹父请桓公立其庶兄子鱼(名目夷)继位,子鱼一再谦让,最后兹父登基为宋襄公。襄公命子鱼为司马,宋、楚泓之战,宋襄公不听子鱼趁楚军渡河前后阵脚未稳之机击溃楚军的正确建议,结果被楚军打败,襄公自己亦因伤而卒。子鱼后代以先祖贤能为傲,遂以其字鱼为姓。

容

【姓氏起源】

一源于古代容氏国,其国人后遂以容为姓。二源于官职为姓,古代礼乐之官称作容,传说黄帝的礼官名容成,道家把他附会作仙人,也是指导黄帝学习养生术的老师,容成的后代子孙遂以容为姓。

向古易慎 戈廖庾终 暨居衡步 都耿满弘

向

【姓氏起源】

春秋时宋桓公有子向父,其后子孙遂以向为姓。

古

【姓氏起源】

周太王古公亶父之后有以古为姓者。二源于春秋时晋景公大夫苦成叔,谋事有智,能文善辩,其后代中遂有以苦成为姓,后经演化成古成,最后改成单姓古。三源于北魏复姓吐奚氏后改为古姓。

【名人】

古弼，北魏代地人，官至吏部尚书。忠诚恭谨，机敏正直而闻名。受太宗赏识，赐名为"笔"，意为"直而有用"；后改名为"弼"，意指他有辅弼帝王的才能。

易

【姓氏起源】

春秋时齐桓公的宠臣名雍巫，字牙。因善于烹调美食受封于易，世称易牙，其子孙后代以易为姓。二源于古代易州，居其地者遂以地名易为姓。

【名人】

易牙，亦称狄牙，春秋时齐国人。齐桓公内侍。桓公死后，易牙与他人谋乱导致齐国大乱。

易元吉，字庆之，北宋画家。曾应诏入宫作画。他曾植花木竹石，养各种动物，以观姿态作画，故作品饶有生趣。

慎

【姓氏起源】

春秋时楚国白公胜曾受封于慎地，因作乱出逃，其后代居于慎的子孙遂以地名慎为姓。

【名人】

慎到（公元前390—前315年），赵国人。战国时期韩国大夫、法家。

戈

【姓氏起源】

出自夏朝东夷族伯明之子名浞，因属寒国人，故史称寒浞。封一个儿子在戈国（位于宋、郑之间），为夏王朝附庸国。后来，少康中兴，灭掉戈国。原戈国后代子孙遂以国名命姓，乃称戈氏。少康的儿子杼灭掉了寒浞建立的戈国，分封夏朝同姓人于戈。仍为诸侯方国，其后人亦为戈姓。商末周初工匠戈工，属于以职业称谓为氏。戈工，就是制戈的工匠。

【名人】

戈公振（1890—1935），名绍发，江苏东台人，新闻学家。著有《中国报学史》等。

廖

【姓氏起源】

颛顼后裔叔安在商朝时受封于廖国，人称廖叔安，其后子孙遂以廖为姓。二源于周文王之子伯廖，伯廖子孙后裔中遂有以廖为姓。

【名人】

廖化，字元俭，本名淳，襄阳人。三国蜀汉将军，性格勇敢果断，屡有战功。

廖仲恺，原名思煦，又名夷白，字仲恺，广东归善人。我国民主主义革命先驱、爱国主义者。

庾

【姓氏起源】

古代用于露天堆积粮食的仓库为庾，在尧帝时就设有主管负责粮仓的官职掌庾大夫，沿至周朝，一般子孙世袭此职，故其子孙后代遂以庾为姓。

【名人】

庾肩吾，字子慎，号玄静先生。南朝梁文学家、书法理论家。著有《书品》。

庾信，字子山，南阳新野人。南北朝末期诗人，著有《庾子山集》。他的诗在一定程度上直接影响着后来唐代的诗风。

终

【姓氏起源】

颛顼的裔孙名陆终，陆终的子孙后代中有以终为姓者。二源于夏桀太史令名终古，其子孙以复姓终古为姓，后裔中又有改为终姓。

暨

【姓氏起源】

商代时，颛顼的裔孙陆终之子名篯的后人受封于诸暨，其子孙遂以地名中的暨字为姓。

居

【姓氏起源】

春秋时，晋国大夫先轸善于用兵，曾先后统帅起兵为晋襄公击败楚师和秦师，后因未穿胄甲而战死。其子先且居继其父职，辅佐晋襄公，其后子孙遂以居字为姓。

衡

【姓氏起源】

商汤时的辅国大臣伊尹，官拜阿衡，主管国政之臣，其后代遂以先祖官职名称衡字为姓。二源于三国时袁绍被曹操打败，其后有支裔避祸于衡山，后便以山名衡为姓。

步

【姓氏起源】

春秋时，晋国大夫郁豹裔孙名扬，受封于步邑，人称步扬，其

213

子孙后代以步为姓。

都

【姓氏起源】

春秋时，郑国大夫公孙阏，字子都，俊美勇士，名振当时。子都后人中遂有以都为姓。

耿

【姓氏起源】

商王祖乙曾把国都迁至耿，后迁都于亳，留在耿的部分王族以耿为姓。二说在周灭商后，有建诸侯小国耿，春秋时被晋国所灭，其王族后人遂以国名耿为姓。

【名人】

耿仲明，字云台，明末辽东盖州（现辽宁盖县）人。清初"三藩"之一。

耿精忠，耿仲明之子，清初藩王。自称兵马大元帅，曾于福建起兵反清，后响应吴三桂叛乱。三藩平定后，被处死。

满

【姓氏起源】

舜的裔孙胡公满在周朝时受封于陈建国，建都宛丘，春秋时陈国被楚灭后，其子孙后代遂有以满为姓。二源于改姓，伊斯兰历史上阿拔斯王艾布·贾法尔又名满苏尔（意为胜利者），后渐与我国中原汉族居住融合，遂改满苏尔为满姓。

【名人】

满庞，字伯宁，山阳昌邑（现山东巨野）人，三国时魏国征东将军。

弘

【姓氏起源】

春秋时，卫懿公大臣弘演出使在外时，卫国遭狄人围攻。狄人杀了卫懿公后食其肉，丢其肝。弘演闻讯回国，呼天抢地，剖己腹将懿公之肝置于内而死。其子孙是以弘演忠耿为荣，遂姓弘。

匡国文寇 广禄阙东 欧殳沃利 蔚越夔隆

匡

【姓氏起源】

春秋时，鲁国人句须担任匡邑宰，子孙遂以其地名匡为姓。

【名人】

匡衡，字稚圭，西汉经学家，元帝时位至丞相。成语"凿壁借光"的主人公。

国

【姓氏起源】

夏禹的掌管车马出巡的御者名国哀，其后子孙遂有以国为姓。二源于春秋时，齐国有上卿名国，子孙世袭上卿官职，后遂以国为姓。三说源于春秋时郑穆公之子公子发（字子国）之后。

文

【姓氏起源】

周武王灭商后建周，追父亲姬昌的谥号为文王，文王后代子孙中遂有以文字为姓。

【名人】

文天祥，名云孙，字天祥，号文山，又号浮休道人。在被元所俘时，元世祖曾以高官厚禄劝降，文天祥宁死不屈，从容就义，以忠烈之名传后世。

寇

【姓氏起源】

周武王时，苏忿担任司寇，其子孙后裔有取官职名寇为姓。二源于春秋时，卫灵公的孙子公孙兰曾在卫国任司寇，其子司寇亥称司寇氏，后遂改为寇姓。三源于北魏时鲜卑族复姓古口引氏所改。

【名人】

寇准，字平仲，华州下邽（现陕西渭南）人，北宋政治家、诗人。在文学作品中通常被称为"寇老西儿"。北宋真宗朝三任宰相，封为莱国公，谥号忠愍。

广

【姓氏起源】

上古轩辕黄帝时，高人广成子隐居于石室中，因黄帝曾向他请教过治国之道，其后子孙遂有以广为姓。

禄

【姓氏起源】

周武王灭商后，商纣王之子武庚，字禄父，在其地继续受封为殷君。至周公旦摄政时，他勾结"三监"谋反，被周公杀。武庚死后，其子孙遂有取其字禄为姓。

阙

【姓氏起源】

春秋时，孔子在洙、泗两水之间的阙里（现山东曲阜）授徒讲学，有定居此地的学生之后代遂以阙为姓。二说鲁国有阙党邑，受封于阙党邑的人，其后以阙为姓。

东

【姓氏起源】

传说帝舜有七位好友，其中有一名叫东不识，东不识的子孙遂以东字为姓。

欧

【姓氏起源】

春秋时，越国锻造工匠欧冶子，曾为越王勾践造过湛卢、巨阙等五把名剑；又与干将齐力为楚王造了龙渊等三把宝剑，名噪当时。其后子孙以欧字为姓。二源于越王勾践后裔有受封为乌程欧阳亭侯，其后子孙遂以欧阳为姓，复姓欧阳在传继演化过程中，出现欧姓。

【名人】

欧道江，长乐人，明代学者，博学多才，四方为师讲学，从学者众多。

欧大任，广东顺德人，明代南京工部郎中，嘉靖时期国子博士。被学者王士祯称为"广东五才子"之一。

殳

【姓氏起源】

帝舜曾命殳戕任共工一职，主管负责百工之事，殳戕后代子孙遂有以殳为姓。

【名人】

夋默，字斋季，小字默姑，浙江嘉兴人。清朝才女、诗人、书法家。九岁能诗，书法也好，精于小楷，心灵手巧，刺绣极美，名盛一时。

沃

【姓氏起源】

商王太甲之子名沃丁，实行善政治天下。沃丁后人遂取沃为姓。二说古时居住于沃地之人以居住地名沃为姓。

【名人】

沃田，山东蓬莱人，明代将领。嘉靖年间武进士，历任指挥同知、提升都司、江苏仪征守备等，世袭指挥使。

利

【姓氏起源】

皋陶后裔理利贞，为避商纣王追杀，曾以食李充饥，改名李利贞，其子孙后代遂有以李、以理或以利为姓。

【名人】

利元吉，字文伯，盯江人，宋朝学者。师从儒者陆九渊，学问独到。举进士而为官，清正廉洁，爱民如子，政绩显著。晚年乐以教书。

利本坚，明朝英德人，官四川安岳县令。为人正直，爱民俭用，时为众人赞许。

蔚

【姓氏起源】

春秋时，诸侯小国代国，居住此地的人和迁徙来的赵国人，遂有代姓。至北周宣帝改代郡为蔚州后，遂有改代姓为蔚，蔚姓由此而来。

【名人】

蔚昭敏，宋代保静军节度使。辽兵退趋莫州，斩敌万余，拜唐州团练。

蔚能，安徽省合肥人，明代时担任礼部尚书，为官廉洁，百姓拥戴。

越

【姓氏起源】

夏王少康庶子名无余，建越国，都会稽（现浙江绍兴）。战国时被楚灭，其王族子孙后裔遂以原国名越为姓。

【名人】

越姬，越王勾践之女，春秋时楚昭王姬妾。

越石父，春秋时齐国人，贤才。晏子曾在外出路上赎回被囚禁的他，回到家后，晏子没向越石父告辞就走进内室，此时越石父就要求与晏子绝交。晏子大吃一惊，不明白为什么刚从困境中解脱出来就要绝交。越石父说我被囚禁，是因为那些人不了解我，你有感动而把我赎买回来，就是了解我，了解我却不能以礼相待，还不如囚禁呢。于是晏子请他进屋待为贵宾。

夔

【姓氏起源】

西周时，周成王封熊绎建楚国，其子熊挚受封于夔，建夔国。楚国以夔国不祀先祖为借口讨伐夔国，熊挚后代为避祸，有改熊字为能字做姓，亦有改为原封国名夔做姓。

【名人】

夔安，汉代丞相。天资聪敏，才能卓越，贤明非常。

夔信，明代学者。为官考核政绩时，总列第一。

隆

【姓氏起源】

春秋时，鲁国有隆邑，居其地者后遂以隆为姓。

【名人】

隆光祖，明朝人，官至吏部尚书，向朝廷推荐了许多人才，皆为能为国为民效劳立功的人物。

隆科多，满洲镶黄旗人，清康熙、雍正时大臣。参与清世宗胤禛夺权，因其拥戴殊勋，清世宗即位后，他被任总理事务四大臣之一，官至吏部尚书，加太保。

师巩库聂 晁勾敖融 冷訾辛阚 那简饶空

师

【姓氏起源】

源于官职名，上古至先秦时期，主管负责音乐的官员称做师，如轩辕时的司乐师延，商代乐官师涓，春秋时卫国乐官师涓，晋国乐师师旷等等。这些乐师的子孙后代多以师为姓。

【名人】

师范，宋朝灵石人，官至江南知州。他上奏朝廷，免征苛捐杂税，建议得到采纳实施后，受民拥护，师范也为史上良吏。

师逵，字九逵，明代东阿人。官至吏部尚书。其工作俸禄和赏赐都分给亲戚朋友，以至于他的儿子们都没得到财产。时为明成祖称赞。

巩

【姓氏起源】

周敬王时，其同族卿士简公受封于巩（现河南巩县），人称巩

220

简公，辅佐敬王时主张任人唯贤能，遭受王侯子弟的不满而被杀，其子孙后代遂以封地巩为姓。

【名人】

巩珍，明朝应天人，明成祖朱棣时，曾随郑和下西洋，记录各地所见所闻，后著成《西洋番国志》。记述各国的风土人情，也是记录我国与亚非人民外交关系史上的重要篇章。

巩永固，字宏图，明朝宛平人，永安公主陪侍。李自成起兵攻陷京都，巩永固以黄绳系其二女于公主灵柩前火焚，写下"身受国恩，义不可辱"后，自刎而死。

厍

【姓氏起源】

为库的俗字，古时设有官职守库大夫，其后有以库或厍为姓。二源于少数民族复姓，厍狄、厍门、厍傅官等在汉化后改厍或库姓。

聂

【姓氏起源】

春秋时，齐丁公封其支庶子孙于聂城，其后子孙遂以聂为姓。二说源于卫国大夫受封地于聂，其后是以为姓。

【名人】

聂政，战国时四大刺客（专诸、聂政、豫让、荆轲）之一。

聂士成，字功亭，安徽合肥人，晚清爱国将领。官至直隶提督。

晁

【姓氏起源】

西周时，周景王姬贵之子姬朝争夺王位失败，逃至楚国，其后子孙以朝的同音字晁为姓。

【名人】

晁崇，字子业，辽东襄平人。世为史官。因善于天文术数，其名为时人所知。

晁迥，字明远，宋朝文官。官至工部尚书。晁家族人，或文才出名，或进士为官。朝廷中几乎有一半是晁家人，时人所夸"晁半朝"。

晁说之，字以道，号景迂，宋代制墨名家。他博通五经，尤精于《易》学。与苏轼、黄庭坚等苏门文人、江西诗派作家有师友关系。

勾

【姓氏起源】

传说上古有五行之官，句芒、祝融、蓐收、玄冥、后土。句芒，主管树木万物生死，其后代以勾为姓，勾姓后又演化出句姓和钩姓等。

【名人】

句克俭，宋代郑县人，曾任河中知府、宁州知府等，官至殿中侍御史，以忠诚清廉闻名于时。

勾龙爽，又名句龙爽，四川人，宋代宫廷画家。时人称他所画人物"其状质野，有返朴之意"。

敖

【姓氏起源】

源于颛顼帝的老师名太敖，其子孙遂取敖为姓。二说源于春秋时，楚国称被废被杀但没有谥号的国君为敖，他们的子孙后代亦有以敖为姓。

【名人】

敖山，字静之，莘县人。明朝大臣、数学家。明朝成化年间进士。诗才雄爽，文章豪放，与王越并称江北二杰。晚年潜心研究数学，著有《石绫传》《灿然稿》《先天手册》等。

敖鲲，江西新喻人，明朝著名大臣。

融
【姓氏起源】

颛顼后代火正祝融，主管火事，祝融子孙后代中有以祝或融为姓。

冷
【姓氏起源】

黄帝的乐官名泠伦，也称作伶伦，发明创定乐律，泠与伶通，故乐官、乐人后又称做伶人。他们的后代遂有以泠或伶为姓。后泠姓又有演化成冷姓。

【名人】

冷谦，字启敬，号龙阳子，明代武陵人。精通《易经》，上知天文地理，下知诸子百家。著有《琴声十六法》，其画常有名人题诗。

訾
【姓氏起源】

古时有小国訾陬国，居其国者遂取以訾陬为氏，帝喾的一个妃子即訾陬氏人，后演化成訾姓。二说訾姓本为祭姓，祭姓后人认为姓"祭"不祥，遂取字形相近的訾为姓。

【名人】

訾祐，春秋时期晋国大夫。为人正直，知识渊博。范宣子曾与和大夫争田，找到訾祐请教。他用自己的知识纠正对方的狡辩，范宣子采纳了他的建议，增田于和大夫，两人重归于好。

訾顺，西汉人，汉成帝时，因抓捕到谋反的人士而立功，被封为楼虚侯。

辛

【姓氏起源】

夏禹之子启建立夏朝，其支庶子受封于莘，建莘国，也称有辛国、有莘国。其后遂有以辛或莘为姓。

【名人】

辛弃疾，原字坦夫，改字幼安，因居稼轩，自号"稼轩居士"，南宋词人。豪放派词人的代表人物之一，著有《稼轩长短句》。存词600多首。

阚

【姓氏起源】

春秋时，齐国大夫止曾居于阚，人称阚止，其后子孙遂以阚为姓。二说源于黄帝后裔南燕国王族中有受封于阚邑，其后以阚为姓。

【名人】

·阚泽，字德润。三国时吴国山阴人。少时家贫以帮人抄书为业，边抄边读，究览群籍。后成学者，精通历法数学。进拜太子太傅。朝廷大议，常有经典所疑，都请教于他。

阚棱，伏威邑人，唐朝猛将，战功显赫。

那

【姓氏起源】

春秋时，诸侯小国权国被楚国所灭，后来原权国人起义，楚武王为镇压权国人，把权人迁徙至那城，权国后裔中遂有以那为姓。

【名人】

那嵩，字维岳，云南元江军民府人，傣族，明末清初官吏。对抗清兵，痛骂吴三桂，效忠明代永历帝，战败后与子那煮、兄弟那华及家人登楼自焚。

简

【姓氏起源】

春秋时，晋国大夫狐鞫居受封于续，其死后谥号为简，史称续简伯，其后人遂有以简为姓，或以续为姓，或以狐为姓等。

【名人】

简雍，字宪和，三国时蜀国人。年少与刘备好，刘备围攻成都时，他入城劝刘璋归顺，后被刘备拜为昭德将军。

简大狮，台湾省台北人，清朝末年台湾抗日民军首领。在台北聚众起义反抗日军侵占台湾。

饶

【姓氏起源】

战国时，长安君受赵封于饶，其子孙后代遂以饶为姓。二说源于战国时齐有大夫受封于饶，他的子孙后代亦以饶为姓。

【名人】

饶鲁，双峰先生，江西馀干人，宋代大学者。因品端学粹，潜心圣学，四方聘讲者接踵而至。建朋来馆以居学者，春风化雨，遍及天下。

饶介，字介之，自号华盖山樵，也称醉翁，江西省临川人，元代书法家。书迹有《杂诗帖》《琴珍帖》《仿四家书》等。

空

【姓氏起源】

古代有小国空国，居其地者称空侯氏，其后代渐以空为姓。二说商代始祖契的后裔中有受封于空桐，其子孙遂以空桐为姓，后来又演化成空姓。

曾

【姓氏起源】

源于以国名为姓。夏禹之后少康帝中兴，封小儿子曲烈于鄫，建鄫国，春秋时被莒国所灭。其子孙后将原国名鄫去掉偏旁邑，留曾字为姓。

【名人】

曾参，字子舆，春秋末期鲁国南武城人，孔子的弟子，世称曾子。他继承了孔子"吾日三省吾身"的学说，做到非礼勿视，非礼勿言，非礼勿信，动静言行必循于法。

曾巩，"唐宋八大家"之一。曾校勘过《说苑》《战国策》《列女传》《李太白集》等。他一生勤于整理古籍、编校史书，成就颇丰。

毋

【姓氏起源】

战国时，齐宣王封其弟于毋邱，其子孙后代遂以毋为姓。

【名人】

毋昭裔，龙门人，后蜀时才子，学问广博，通四书五经，著有《尔雅音略》。

毋制机，宋代蜀人，分别在两座书院教书，人称"平山先生"。

毋思义，明初蓬州人，洪武年间举人。历任襄阳、凤阳教授。

沙

【姓氏起源】

炎帝时大臣夙沙氏，他的后代遂有以沙为姓者。二说源于春秋时，商纣王庶兄微子启后裔中有受封于沙邑，其子孙后代遂以

226

沙为姓。

【名人】

沙张白，原名一卿，字介臣，号定峰，江阴人。著有《定峰乐府》《定峰文选》《读史大略》等。

乜

【姓氏起源】

源于以邑名为姓。春秋时，卫国有大夫受封于乜邑，其子孙后代遂以乜为姓。

【名人】

乜子兵，冯玉祥亲将，国民革命军陆军少将衔。曾参加台儿庄战役，狙击日本侵略者守将，为军队沿长江顺利迁至西南作出贡献。

养

【姓氏起源】

春秋时，吴国公子掩余、烛庸出逃至楚国，受楚王封赏于养地，其后代遂以养为姓。二说源于神射手养由基之后。传说他能百步穿杨，一箭能射七层铠甲。

【名人】

养奋，字叔高，东汉郁林人。博通古籍，品行端方，行为正直，以布衣举方正（方正指汉代无须考试，被选举的功名）。因其言直率，且切中时弊，时人称之为名儒。

养由基，春秋时楚国名将，是我国古代著名的神射手。当时，还有一个善射箭的人，名叫潘党，能每箭射中箭靶的红心。养由基对他说："这还不算本事，要能在百步之外射中杨柳叶子，才算差不多了。"潘党不服，当即选定柳树上的三片叶子，并标明号数，叫养由基退到百步之外，顺序射去。养由基连射三箭，果然第一箭中一号叶，第二箭中二号叶，第三箭中三号叶，箭镞全都正中叶心。这就是古代"百步穿杨"或"百发百中"成语典故的由来。

鞠

【姓氏起源】

后稷的孙子出生时，手心带有菊形花纹，古代菊与鞠字相通，给他起名叫鞠陶，鞠陶后代遂以鞠字为姓。

【名人】

鞠武，战国时燕太子丹的太傅，曾推荐荆轲给太子。

鞠嗣复，宋代为官，因他当官为民作主，后虽被农民义军方腊俘获，但免一死。

须

【姓氏起源】

伏羲氏的后裔东夷族首领太嗥，春秋时曾先后在济水流域建立了须句、任、宿、颛臾等国，后来须句国人便以须句或须为姓。二说源于燕国的附庸小国密须国的公族后代。

【名人】

须无，汉初人，汉朝大臣。汉高祖刘邦立国初，须无因有功，受封为陆量侯，承袭封达四代。

须用纶，明朝万历年间进士，官至青州知府。为人公正，风气凛然。兵饷告急，他不取民间钱财，裁撤杂费充作军饷，时为百姓感激。

丰

【姓氏起源】

西周初，周文王灭崇侯虎的封国酆，并将其改作酆邑，封其弟于酆邑为酆侯，酆侯子孙后去偏旁邑作豊（丰）为姓。二说春秋时，郑穆公有子名丰，其子孙后以丰为姓。

【名人】

丰干，唐代高僧。居天台山国清寺，白天春米供僧，夜晚则高屋吟咏。

巢

【姓氏起源】

远古时巢居的发明者，教民构木做巢居，以树为巢，住在树上避免野兽侵袭，史称有巢氏。夏禹王后封有巢氏后人建巢国，其国人后遂以巢为姓。

【名人】

巢猗，隋朝时国子助教，学者。著有《尚书义》《尚书音译》等。

巢元方，隋唐年间西华人。官至太医博士，业绩卓著。他主持编纂整理中医病因学巨著《诸病源候论》，永垂史册。

关

【姓氏起源】

夏朝末年，贤臣龙逢受封于关邑，世称关龙逢。时值夏桀荒淫暴虐，不理朝政。关龙逢因屡屡直谏触怒夏桀，被囚禁杀死，其后代遂以关为姓。二源于以官职为姓，春秋周大夫尹喜在函谷关任关令，其后子孙遂有以关为姓。

【名人】

关羽，字云长，本字长生，东汉时河东郡（现山西运城）人。军事家、著名将领。三国时期著名人物之一，后世誉称"武圣"。

关汉卿，金末元初大都人，我国文学史上最早的戏剧家。代表作有《窦娥冤》《救风尘》《望江亭》《单刀会》等。一生写了60

多种杂剧，是为"元曲四大家"之首。

蒯

【姓氏起源】

春秋时卫灵公太子蒯聩，曾想杀灵公夫人南子，灵公知后大怒，蒯聩被迫逃到晋国。卫国内乱时，蒯聩伺机回国即位，是为卫庄公，其后裔子孙遂以蒯为姓。二说源于晋国大夫蒯得后代。

【名人】

蒯祥，明代营缮。官至工部侍郎，食俸一品。永乐至天顺年间，举凡内殿陵寝，都是他营缮的，皇帝称其为"蒯鲁班"。

蒯光典，清朝人，知识极为广博，对古代文献加以整理注说考证，深受学界好评。

相

【姓氏起源】

夏朝帝王相，立都城相里，其后相里的王族后裔遂以相为姓。二源于商朝君王河直甲，也曾居于相地，其后代亦有以相为姓。

【名人】

相威，元朝国王速浑察之子。听读经史，博学多闻。伐宋有功，授征西都元帅，拜江淮行省左丞相。

相世芳，明朝人。正德年间进士，曾任刑部郎中。为人刚毅正直，知识渊博。嘉靖年间，因直言谏议，被戍延安13年始诏还，终无怨言。

查

【姓氏起源】

春秋时，齐顷公有子受封于檀邑，因"植"通"楂"，其后代子孙以楂为姓，后又演化去了木字旁改姓查。

【名人】

查升，字仲苇，号声山，浙江省海宁人。清代书法家。康熙年间进士。著有《淡远堂集》等。

查士标，安徽休宁人，清代著名的书画家。擅长画山水，与孙逸、汪云端、僧弘仁一起被称"海阳四家"。

查良镛，著名武侠小说作家，笔名金庸，代表作《射雕英雄传》等。

後

【姓氏起源】

源于东夷族首领太嗥裔孙後照之后，此後姓不同于后姓，后姓另有起源。

荆

【姓氏起源】

西周时，鬻熊立国荆山，建都丹阳，称荆国，其子孙中遂有以荆为姓。荆国是楚国前身，故楚国也称荆楚。

【名人】

荆轲，战国末期卫国人，刺客。喜好读书击剑，为人慷慨侠义。受燕太子丹之托入刺秦王，秦王在咸阳宫隆重召见了他。在献燕国督亢地图时，图穷匕见，刺秦王不中，行动失败被杀。

荆浩，五代后梁画家。擅画山水，常携带笔墨，摹山中古松，画云中山顶。著有《笔法记》，对中国山水画的发展极有影响。

荆嗣，宋代名将，累立战功。

红

【姓氏起源】

楚王熊渠趁周夷王时王室衰微，遂起兵吞并其周围小国，其子熊挚受封为鄂王。熊挚字红，其后子孙中有以红为姓。二源于汉高祖刘邦后代刘富曾受封地于红，其子孙后代遂以封地红为姓。

【名人】

红娘，元代王实甫的元杂剧《西厢记》中的丫环名红娘，因撮合张珙、莺莺成好事，性格活泼伶俐又助人为乐，受世人喜爱，后人因此称媒人为红娘。

红军友，明末农民起义初期首领之一。崇祯五年转战陕甘边区，声势颇大。

游竺权逯 盖益桓公 万俟司马 上官欧阳

游

【姓氏起源】

春秋时，郑穆公之子名偃，字子游，其子孙后代遂有以游为姓。二源于晋国桓、庄之族后裔有游姓。

【名人】

游酢，字定夫，建州建阳人，北宋学者、哲学家。师从理学家程颐，程门四大弟子之一。官至太学博士。与杨时初次拜见程颐时，程颐闭目而坐，二人站在门外久不离去，后来雪都下了一尺深。"程门立雪"典故由此而来。

游日章，明代廉州知府。嘉靖年间进士，为官清正廉洁，爱民如子。著有《骈语雕龙》等。

竺

【姓氏起源】

商朝末年，孤竹国被周武王灭后，孤竹国君之子伯夷、叔齐的后代中有以原国名中竹字为姓者，后有改竹为竺。二源于古代西域天竺国（印度古称）僧徒进入中国后，多以竺为姓。

【名人】

竺法深，名潜，字法深，俗姓王，琅邪郡人，晋代僧人。24岁时登坛讲学，所讲《正法华经》《大品般若经》，义理深奥，深入浅出，剖析明白，前来听讲者常济济一堂。

权

【姓氏起源】

商朝王武丁的裔孙受封于权（现湖北当阳），其后子孙遂以封地名权为姓。

【名人】

权会，字正理，北朝齐臣。家贫好学，精通史经。德高学博，拜师求学者甚多。

权皋，唐朝大臣，原随从安禄山，后发觉安禄山谋反，就装病携亲离职而去。后唐玄宗曾召他做监察御史，权母重病，坚辞不受。时人佩服他对国贞，对母孝。谥号孝贞。

逯

【姓氏起源】

战国时，秦国有大夫受封于逯邑，其后子孙遂以逯为姓。二源于楚国逯姓公族之后。

【名人】

逯中立，明朝文士，为人正直，因为打抱不平被朝廷贬官，时人皆称其胆识过人。

盖

【姓氏起源】

战国时，齐国有大夫受封于盖邑，其后子孙于是以盖为姓。

【名人】

盖延，东汉虎牙将军。

盖叫天，原名张英杰，号燕南，河北高阳人。京剧武生，现代京剧表演艺术家。造型优美，讲究表现气质，有武戏文唱的盖派艺术风格。代表剧目有《武松》《三岔口》《一箭仇》等。

益

【姓氏起源】

帝舜时掌管刑法的大臣皋陶之子伯益，为禹所重用，因治水有功，被禹备选为继承人之一，后被禹子启杀害。伯益的后代子孙中遂有以益为姓。

【名人】

益畅，南宋峨嵋人，年幼好学，绍兴年间进士。

益智，元朝名将，有勇有谋，远见卓识，胸怀大略，官至远大将军。

桓

【姓氏起源】

源于黄帝大臣桓常，其子孙后代遂以桓为姓。二源于春秋时宋国国君宋桓公后代。三源于南北朝北魏鲜卑族复姓乌丸氏所改。

【名人】

桓修，晋朝人，官至护军将军，爵长沙侯。因受诬遭极刑，睿宗后为其冤案昭雪，谥号忠烈。

桓温，字元子，晋朝龙亢人，汉明帝女婿。官至大司马。他曾说既不能流芳百世，不足复遗臭万年。畜谋废晋自立王朝，没成功

234

就死了。

公

【姓氏起源】

春秋时鲁昭公之子衍与为，他们的封爵是公爵（古代爵位分公、侯、伯、子、男五种等级），世称公衍、公为，其子孙后代遂以祖上封爵公为姓。

【名人】

公鼐，字孝与，号周庭。蒙阴人，明文学家。著有《问次斋集》。与公逸仁、公跻奎、公一场、公家臣，史称"五世进士"。五世进士，其中有两名同授翰林编修，一时名重朝野。

万俟

【姓氏起源】

南北朝时期，北魏孝文帝迁都定居洛阳，鲜卑王族拓跋氏改为元姓，故北魏也称元魏。孝文帝的叔叔即北魏献文帝之弟的家族，被赐改称复姓万俟。

【名人】

万俟雅言，自号词隐，宋代词人。时人称其词平而工，和而雅。著有《大声集》。

司马

【姓氏起源】

源于官职名为姓。远古设有官职司马，至汉代一直沿用，司马主管负责军政、军赋等事宜。周宣王时，程伯休父任司马，其后代遂以司马为姓。

【名人】

司马迁，字子长，西汉夏阳人，西汉史学家、文学家，著有《史记》，又称《太史公记》，因替投降匈奴的李陵辩解而入狱受腐刑。完成了我国最早的纪传体通史《史记》，被誉为"史家之绝唱，无韵之离骚"。

司马相如，字长卿，蜀郡人，西汉辞赋家，著有《子虚赋》《上林赋》，受汉武帝赏识。他与卓文君的浪漫爱情故事也广为流传。

司马光，北宋大臣、史学家，编撰《通志》，后被明神宗朱翊钧赐书名为《资治通鉴》。留有家喻户晓的"司马光砸缸救人"的故事。

上官

【姓氏起源】

春秋时楚庄王之子名兰，官为上官大夫，其后代子孙遂以其官职上官为姓。二源于以邑名为姓，古时有上官邑，是河南与河北的通道，居其地者遂有以邑名为姓。

【名人】

上官仪，字游韶，陕州陕县人，初唐宫廷作家，齐梁余风的代表诗人，其词绮丽婉媚，时有"上官体"之称。

上官婉儿，上官仪孙女，著名才女，天资聪慧，卓有文才，下笔成章。其诗文创作改萎靡之风，革骈俪章法，挣脱六朝余风，文风大变。其文时为文人学习的典范，对唐初诗律有一定影响。

上官均，字彦衡，宋熙宁三年进士。历任监察御史、龙图阁侍制，赠紫金光禄大夫。著有《曲礼讲义》《广陵文集》等。

欧阳

【姓氏起源】

战国时，越王无疆被楚威王杀死，越国被灭。无疆之子蹄，受楚王封于乌程欧余山的南面，因山南为阳，故称其欧阳亭侯，其子孙后遂以欧阳为姓。

【名人】

欧阳生，名容，字和伯，西汉千乘人。为博士，他的后代也多出学者，连续八代均为博士，世代以研究《尚书》为特长。

欧阳修，字永叔，号醉翁，晚年号六一居士，江西永丰县人。北宋文学家、史学家、金石学家、经学家，北宋文坛盟主。代表作有《新唐书》《新五代史》和《六一诗话》等，其中《六一诗话》开"诗话"之先河。

夏侯诸葛 闻人东方 赫连皇甫 尉迟公羊

夏侯

【姓氏起源】

西周时，东楼公被封于雍丘，建杞国。战国时，杞简公被楚国所灭，其弟佗出逃奔鲁，受封为侯爵，又鲁公认为佗乃夏禹之后，故尊称其为夏侯，其后代遂以夏侯为姓。

【名人】

夏侯婴，又称滕公，西汉开国功臣之一。与刘邦是少时朋友，随刘邦起义立功，后封为汝阴侯。

夏侯惇，字元让，沛国谯（现安徽亳州）人，夏侯婴的后代。三国时魏国名将，官至大将军，高安乡侯。谥号忠侯。

诸葛

【姓氏起源】

葛国被商灭后，其后有支族迁至诸，以迁居地名诸，加上原诸侯国名葛，遂组成复姓诸葛。二说源于秦末陈胜起义时，将领葛婴屡立战功，却因陈胜听信谗言而被杀。至汉文帝时，葛婴之孙受封为诸县侯，其后子孙遂以诸葛为姓。

【名人】

诸葛亮，字孔明，人称"卧龙"，东汉末年徐州琅邪郡人。三国时期蜀国政治家、思想家、军事家。相传刘备要打江山时，三顾茅庐请他出山辅佐。代表作有《出师表》。如今，诸葛亮成为智慧的代名词，其传奇故事也为世人流传。

闻人

【姓氏起源】

春秋时，鲁国学问家少正卯，曾与孔子同时聚徒讲学，主张革新，影响甚广，孔子的很多学生都曾到他那里听讲。在当时闻名远近，号称"闻人"，其子孙后遂以闻人为复姓，或以闻字为单姓。

【名人】

闻人宏，字君度，浙江省嘉兴人。历官通州司法、宣城知县、常州通判。著有《中兴要览》《周官通解》《经史旁阐》等。

闻人诠，浙江省余姚人，师从明朝哲学家王阳明。嘉靖年间任御史官，巡视边疆，在山海关一带修了近千里的长城。

东方

【姓氏起源】

伏羲氏始创八卦，他认为震是雷之象，万物出于震，以震为尊，与震对应的方位为东方，是太阳神居住之地，其后裔中遂有以东方为姓。

【名人】

东方朔，西汉辞赋家。汉武帝即位征贤时，东方朔上书自荐。后任常侍郎、太中大夫等职。他性格诙谐，言词敏捷，滑稽多智。但汉武帝始终不委以重用，只把他当俳优看待。著有《答客难》《非有先生论》以明其志。

赫连

【姓氏起源】

东汉时，活跃于漠北的匈奴族渐分为两支，留守当地的史称北匈奴，南下的史称南匈奴。南匈奴右贤王刘豹子之后拥兵自立，号称大夏天王，自创姓氏赫连，意指光辉显赫与天相连。

【名人】

赫连勃勃，南匈奴后裔，十六国时期夏的创建者。北魏明元帝曾改其名为屈孑，意为卑下。原为铁弗部，称王后，以为帝王"徽赫与天连"，因而改姓为赫连氏。自称天王、大单于，国号大夏。

赫连韬，福建漳浦人，唐代才子。有不羁之才。"闽中八贤"之一。

皇甫

【姓氏起源】

春秋时，宋戴公之子名充石，字皇父，曾任周大师，其子孙遂以皇父或皇为姓。至汉代时，皇父的后裔鸾，改皇父为皇甫，这一家族后遂以皇甫为姓。

【名人】

皇甫嵩，东汉太尉。好诗书。灵帝时任北地太守，拜太尉，封槐里侯，时号名将。

皇甫谧，魏晋间医学家。中年因患风痹疾，开始钻研医学，著有《甲乙经》阐述经络理论，明确穴位名称和位置，总结晋之前的针灸学成就。

皇甫松，字子奇，自号檀栾子，睦州新安人，晚唐诗人、词人。

尉迟

【姓氏起源】

源于南北朝时北魏鲜卑族尉迟部落，随北魏文帝迁都定居洛阳后，其后就以尉迟为姓。

【名人】

尉迟恭，字敬德，唐朝名将，凌烟阁二十四功臣之一。曾帮李世民夺取帝位，"门神"的原型之一即来源于尉迟恭。

公羊

【姓氏起源】

春秋时，鲁国贵族公孙羊孺的子孙取其姓名中各一字组成复姓公羊，其后遂有公羊姓。

【名人】

公羊高，战国时齐国人。《春秋公羊传》的作者。《春秋公羊传》，亦称《公羊春秋》或《公羊传》，着重阐释《春秋》之微言大义，史事记载较简。

澹台公冶 宗政濮阳 淳于单于 太叔申屠

澹台

【姓氏起源】

春秋时，孔子弟子灭明家住鲁国澹台山，故以澹台为姓，人称澹台灭明，其子孙以后遂以澹台为姓。

【名人】

澹台灭明，字子羽，孔子七十二弟子之一。春秋末年鲁国武城人。其相貌丑陋，但为人公正，受孔子推崇。唐追封江伯，宋加封金乡侯，明称先贤澹台子。

澹台敬伯，又名澹台恭，会稽人，东汉名士。薛汉最知名的弟子之一。

公冶

【姓氏起源】

春秋时，鲁国大夫季冶，字公冶，其子孙遂以先祖字公冶为姓。

【名人】

公冶长，字子长，春秋末期齐国人，孔子弟子。以贤而著称，且能通鸟语，多才多艺。

宗政

【姓氏起源】

汉高祖之弟楚元王刘交，其子刘郢客曾任宗正一职，主管负责皇族事务。宗正也做宗政，其后代遂以宗政作姓。

【名人】

宗政辨，唐代人，官殿中少监。

濮阳

【姓氏起源】

古代称山之南、水之北为阳。春秋时，濮阳为卫国都城，在濮水之北，居其地的王族后代遂以邑名濮阳为姓。

【名人】

濮阳兴，字子元，三国时吴国文官。与吴国君主孙权第六子孙休是好友。后来孙休继位称景帝，就任用濮阳兴做丞相，封外黄侯。

濮阳成，明朝武将，毅坚志远，累立战功，受封世袭金山卫百户，为武德将军。

淳于

【姓氏起源】

夏朝时有斟灌国，至周武王时封淳于公在此建淳于国，后被杞国所灭。至杞文公时，杞国迁都于淳于，杞国后被楚国灭。居于此地的原淳于国王族后人遂有以故都名淳于为姓。

【名人】

淳于意，汉代名医。从小学习医术，后为人治病，救死扶伤，号为"神医"。

淳于诞，后魏时蜀汉人。官终梁州刺史。十二岁时随父亲前往扬州，其父在路上被盗贼所害，他誓要奋发，倾财结客，半月内破贼樊文炽，遂得复仇。

单于

【姓氏起源】

汉代时匈奴称最高统治者为"撑犁孤涂单于"，意思是像天一样广大高远，匈奴左贤王归降于汉朝后，其王族后遂以其君位之称单于为姓。

【名人】

单于去卑，匈奴族，汉朝将领，官至青州郡蓬莱太守，受封列侯。

太叔

【姓氏起源】

春秋时，卫文公之子姬仪，人称太叔仪，其后代遂以太叔为姓。二源于郑庄公弟弟段受封京邑，世称京城太叔，其子孙后亦有以太叔为姓。

【名人】

太叔段，春秋郑国人。郑武公少子，郑庄公弟。母爱之而欲立为太子，郑武公不许。在古代，太叔这样的尊称是称呼王公贵族中排行三的子弟。

申屠

【姓氏起源】

夏朝时，炎帝裔孙四岳的后代被封于申，为侯爵位，世称申侯。其后有支裔孙迁居于屠原，其后子孙遂取封国申与居住地屠组成复姓申屠。二源于夏代贤人申徒狄，申徒又转写成申屠，申徒狄之后遂以申屠为姓。三源于官职为姓，春秋时楚有官职称申屠，其子孙后代以官称申屠为姓。

【名人】

申屠嘉，汉代都尉，至文帝时拜丞相，封固安侯。为人廉直，不受私人拜托。

公孙仲孙 轩辕令狐 钟离宇文 长孙慕容

公孙

【姓氏起源】

春秋时各国诸侯不论爵位大小，多喜欢称公。至周朝时，诸侯王位一般由嫡长子继承，继位前称太子，其他兄弟称为公子，公子的儿子则称公孙，他们的子孙后代遂有以公孙为姓。

【名人】

公孙龙，字子秉，战国时期赵国人，曾为平原君门客。哲学家、名家的代表人物。他提出"白马非马"等哲学观点，将逻辑学中的个别和一般之间的相互区别夸大，割断二者联系，是一种形而上学的思想体系。

公孙策，在历史正史中没有记载，为增加包拯传奇色彩而设置的虚构之人。也说公孙策并无后嗣，所以在史上没有留名。

仲孙

【姓氏起源】

春秋时鲁桓公次子名庆父，排行第二，人称仲庆父。后因庆父弑君作乱，畏罪出逃，其后子孙遂改姓仲孙或孟孙。

【名人】

仲孙湫，春秋时齐国人，事桓公为大夫。有远见。

仲孙蔑，即孟献子，春秋时鲁国人。为人勤俭，体恤民情。主张勤俭和发展。时称贤大夫。

轩辕

【姓氏起源】

中原各部落的共同先祖黄帝号轩辕氏，因此后裔子孙中是有以轩辕为姓。

【名人】

轩辕弥明，唐代诗人。善诗，其诗掷地有声。

令狐

【姓氏起源】

周文王之子毕公高，其裔孙魏颗为春秋时晋国名将，魏颗因战功受封于令狐（现山西临猗），其后子孙遂以封邑名令狐为姓。

【名人】

令狐楚，字壳士，号白云孺子，宜州华原（现陕西耀县）人。唐朝文学家。官至宰相。长于乐府，与刘禹锡、白居易等有诗文来往。传说诗人李商隐也出自其门下。

钟离

【姓氏起源】

春秋时，晋国大夫伯宗因受谗言被杀。其子伯州黎逃到楚邑钟离（现安徽凤阳），其后子孙遂以地名钟离为姓。

【名人】

钟离春，战国时人，历史上有名的丑女。貌丑无比，但胸有大志，学识渊博。因指出齐宣王的劣迹，使齐宣王悬崖勒马，齐宣王把她视为正身、齐家、治国的一面镜子，并封钟离春为王后。

钟离昧，汉朝人，项羽大将。向与韩信交好。项羽死后，投奔楚王韩信，刘邦忌恨。韩信谋反时，刘邦要韩信逮捕钟离昧。韩信召钟离昧商议，钟离昧说高祖知道你要谋反，不来攻你，是因为我在楚国，如果你捕我以献媚，今我死，明你亡。说罢，拔剑自刎。韩信带着钟离昧的头去见高祖，即被高祖武士逮捕。

宇文

【姓氏起源】

鲜卑族部落首领名普回，一次外出狩猎，拾获刻有"皇帝玺"字样的玉玺。普回认为此玺乃上天所赐，天授神权，鲜卑族谓天子为"宇文"，故普回改自己部落名为宇文，其后代有以宇文为姓。

【名人】

宇文虬，字乐仁，武川人，北朝北周将领。骁悍有略，征讨有功，封南安侯。后累官至金州刺史、大将军。

宇文邕，小字祢罗突，武川鲜卑族人。宇文泰第四子，北朝北周皇帝。谥号武帝。

长孙

【姓氏起源】

北魏道武帝拓跋珪，其曾祖父拓跋郁律有两个儿子，长子沙英雄，号拔拔氏，是南部首领。小儿子是拓跋珪的祖父。拓跋珪建立北魏称帝后，因沙英雄的儿子嵩为长孙氏，受封为北平王。其后遂有长孙姓。

【名人】

长孙无忌，字辅机，河南洛阳人，唐代宰相。父为隋时名将，妹为太宗皇后。无忌善于谋划，常与李世民南征北战。贞观年间，历任吏部尚书、尚书右仆射，封赵国公，与房玄龄等同为宰相。后受人诬告谋反，被流放后自缢而死。

慕容

【姓氏起源】

鲜卑族涉归单于自称仰慕天地二仪之德，承继日月星三光之容，因此改用慕容为自己部落的姓氏。

【名人】

慕容三藏，燕国人，隋朝大臣。

慕容延钊，字化，山西太原人。五代、宋初将领。

鲜于闻丘 司徒司空 亓官司寇 仉督子车

鲜于

【姓氏起源】

西周初，周武王封商纣王的诸父、贤臣箕子于朝鲜，箕子的支庶仲，受封在于地，仲后子孙遂取先祖的邑名鲜与于字，合成复姓鲜于。

【名人】

鲜于枢，元代书法家，字伯机，号困学山民。著有《苏轼海棠诗卷》《韩愈进学解卷》《论草书帖》等。艺术成就以草书为最。

闻丘

【姓氏起源】

春秋时，齐国大夫婴居住在闻丘，时称闻丘婴，其后代子孙遂以闻丘为姓。

司徒

【姓氏起源】

帝喾之子契，因治水有功被任命为司徒，主管教化，其后代遂有以司徒为姓氏。二源于以官职为姓。夏商周至春秋时期设有司徒一职，主管负责国家的土地民众。担任司徒官职的子孙后代遂以司徒为姓。

【名人】

司徒映，唐朝人，官至太常卿。

司徒雷登，John Leighton Stuart 的中国名，美国基督教传教士、外交官。曾任燕京大学校长、校务长、美国驻华大使等职。1949 年离开中国，毛泽东曾著《别了，司徒雷登》。

247

司空

【姓氏起源】

源于以官职名为姓。西周时，司空为六卿之一，主管负责建筑和制作业。至春秋时，晋国士蒍担任司空，其子孙后代遂以司空为姓。

【名人】

司空曙，字文明，唐代广平人。官至水部郎中。著有《司空文明诗集》。"大历十才子"之一。

司空图，字表圣，唐代诗人。官至中书舍人。著有诗论《二十四诗品》。朱全忠灭唐时，召他为礼部尚书，不就。后因哀先帝不食而卒。

亓官

【姓氏起源】

古代插住挽起的发髻和固定弁冕的簪子称笄。其中弁是贵族戴的帽子，冕是帝王诸侯与卿大夫所戴的帽子。至周代，设立了礼官弁师，主管负责王侯冕服与等制，又称笄官。"笄"与"亓"通，亦称亓官，其后代子孙中遂有以祖上官职为姓。

【名人】

亓官氏，此处单指孔子的妻子，至宋朝时，被追封为郓国夫人。孔庙中的寝殿，正是供奉孔子夫人亓官氏的专祠。

司寇

【姓氏起源】

源于以官职名为姓，西周时六卿之一，司寇主管刑狱。周武王时，苏忿生曾为司寇；春秋时，卫灵公之子郢的后代也曾任过司寇，其后子孙遂以司寇为姓。

【名人】

司寇惠子，春秋时鲁国大夫。

248

仇

【姓氏起源】

春秋时，鲁国大夫党氏，古时"党"与"掌"音同，"掌"又与"仇"通，故其后有仇姓，也有掌姓。

【名人】

仇氏，单指战国时期孟母仇氏，即孟子（孟轲）的母亲。为使孟子得到良好的环境教养，曾迁居三次，史称"孟母三迁"，就是典出她教子有方的故事。

仇启，南北朝时，南朝梁国四公子之一。

督

【姓氏起源】

源于春秋时宋国大夫华父督之后，其后子孙以其名督为姓。二源于战国时，燕太子丹为刺杀秦王，假献秦王以肥沃的督亢之地为礼物，派荆轲带夹藏匕首的督亢地图进献秦王，结果行刺失败，荆轲被杀。督亢之后人是以督为姓。三源于汉末少数民族板楯七姓中有改姓督者。

子车

【姓氏起源】

春秋时，秦国大夫子车氏的后裔子车奄息、子车仲行与子车缄虎三位贤臣，同时辅佐秦穆公，时称"三良"。秦穆公卒，以三良殉葬。其后子孙遂有复姓子车。

颛孙端木 巫马公西 漆雕乐正 壤驷公良

颛孙

【姓氏起源】

春秋时，陈国公子颛孙在鲁国为官，其后子孙遂取其名字颛孙为姓。二说源于孔子的弟子颛孙师的后代。

【名人】

颛孙师，字子张，春秋时陈国人。谈吐举止宽容文雅，待人接物友善从容。后唐赠陈伯，宋封宛丘侯，称先贤。

端木

【姓氏起源】

春秋卫国人端木赐，字子贡，孔子弟子之一。子贡善于雄辩，被孔子点名赴齐游说田常以救鲁国。子贡不负众望，先后游说田常、吴王、越王、晋君，造成了史称"存鲁乱齐，破吴强晋而霸越"的局面，子贡后代遂以先祖端木二字为姓。

【名人】

端木国瑚，字鹤田、井伯，晚年号太鹤山人。清朝诗人。博通经史及阴阳术数，精研《易经》。著有《太鹤山人诗集》《太鹤山人文集》《周易指》《周易葬说》《地理元文注》等。

巫马

【姓氏起源】

源于以官职名为姓。周代时设有巫马官职，主管负责疗治马病等事宜，其后子孙遂以官职巫马为姓，据说孔子弟子巫马期的先祖在周朝时就任过巫马官。

公西

【姓氏起源】

春秋时鲁国至鲁文公后，鲁国公室逐步走向衰退，季孙氏为首的三桓季孙氏家族世为大夫，权倾一时，逐渐凌驾公室。季孙氏中后有子孙以公西为姓，孔子弟子公西赤源于其族。

【名人】

公西赤，名赤，字子华，亦称公西华，春秋末年鲁国人，孔子弟子。长于祭祀之礼、宾客之礼，善于交际。后封邵伯、钜野侯、先贤公西子等。

公西舆如，字子上，春秋末期鲁国人。孔子弟子，后封称重邱伯、临朐侯等。

漆雕

【姓氏起源】

春秋时，鲁国漆雕氏姓人漆雕开、漆雕哆和漆雕徒父三人同时成为孔子弟子。其中孔子赏识爱读书的漆雕开，自此漆雕一姓广为人知。

【名人】

漆雕开，字子若，又称子开，春秋末年鲁国人，孔子弟子之一。为人谦和，博览群书。有一次墨子说漆雕开是个残疾，孔子反驳说但品德一点都不伤残。后追封滕伯、平舆侯、先贤漆雕子等。

漆雕哆，字子敛，春秋末年鲁国人，孔子弟子。后封武城伯、濮阳侯、先贤等。

漆雕徒父，字子文，春秋末年鲁国人，孔子弟子。受封须句伯、高菀侯等。

乐正

【姓氏起源】

源于以官职名为姓。周代时设有大小乐正官，主管负责礼乐教化，其子孙后代遂有以官职乐正为姓。

【名人】

乐正子春，春秋时鲁国人，为曾子弟子。

乐正子长，宋代即墨人。传说他得到长生不老药，活到一百八十岁，面如童颜。

壤驷

【姓氏起源】

源于春秋时的孔子弟子壤驷赤的后代，壤驷赤字子徒，其后遂有以壤驷为复姓。

【名人】

壤驷赤，字子徒，春秋末期秦国上邽人。孔子弟子，七十二贤之一。曾受封北征伯、上邽侯。

公良

【姓氏起源】

春秋时，陈国有公子名良，其子孙后代遂以公良为姓。

【名人】

公良儒，字子正，孔子弟子。孔子经过蒲地时曾被蒲人所困，公良儒驾车仗剑为孔子解围，深得孔子赞赏。

拓拔夹谷 宰父榖梁 晋楚闫法 汝鄢涂钦

拓跋

【姓氏起源】

北魏鲜卑族当政时，自称是黄帝之后，谓黄帝以土德王，鲜卑语称土为拓，称君主为跋，所以北魏皇族是以拓跋为姓。孝文帝迁都洛阳后，改拓跋为元，北魏又称拓跋魏或元魏。

【名人】

拓跋珪，鲜卑族拓跋部人，北魏道武帝，北魏王朝的建立者。淝水战后，他乘机复国，初称代，不久改称魏，拥有黄河以北地区。他使鲜卑人分地定居，从事耕种，促进发展。

拓跋宏，亦即元宏，北魏孝文帝。亲政后，迁都洛阳，推行改革。改鲜卑姓氏为汉姓，改变鲜卑风俗、语言、服饰等等。鼓励鲜卑族与汉族通婚，加强两族的联合统治，并制定官制朝仪。一系列的改革促进了两族人民的融合与民族友好关系的发展。

夹谷

【姓氏起源】

五代十国时女真族有加古部落，后写成夹古，其后子孙遂沿用复姓夹谷。

【名人】

夹谷谢奴，金太祖的猛将，官至昭议节度使。通女真、契丹及汉语言文字。其子夹谷查剌，出任德昌军节度使时，政绩有声。

夹谷清臣，本名阿不沙，官至金朝的宰相。曾任山东横海军节度使、博州防御使，陕西路统军使、京兆府事等。著有《磻溪集》等。

宰父

【姓氏起源】

源于以官职为姓。周代设官职宰父，主管朝议、考核官员职守等级等，其后遂有复姓。

【名人】

宰父黑，字子索，春秋末年鲁国人，孔子弟子之一。曾受封为乘丘伯、祁乡侯。

穀梁

【姓氏起源】

春秋时，鲁国大夫有受封于穀梁，其后代遂有以穀梁为姓。二说源于古代种植穀粱的后代，他们以穀粱为姓，后改粱作梁，遂有复姓穀梁。

【名人】

穀梁赤，孔子弟子子夏的学生。战国鲁人，为《春秋》作传，与《左传》《公羊传》并称"春秋三传"。

晋

【姓氏起源】

西周时，周成王弟叔虞受封建唐国，时称唐叔虞。其子燮继位后因唐国南面有晋水，改封国称晋，时称晋侯，其后裔遂以晋为姓。

楚

【姓氏起源】

西周时，鬻熊建国于荆山，定都丹阳（现湖北秭归）。至其裔孙熊绎事周成王，被封以子男之田，立楚国，也称荆楚或荆蛮。楚国被秦灭后，其公族后裔遂以楚为姓。

【名人】

楚智，明初将领。洪武年间曾先后与冯胜、蓝玉出塞有功，官至都指挥。至燕王朱棣时，与李景隆率兵抗敌，以勇著称。

闫

【姓氏起源】

西周时，周太伯曾孙姬仲弈受周武王封于阎乡，其后子孙遂有以阎为姓。阎与闫通，故闫阎两姓同宗。

【名人】

闫亨，晋代人，官至辽西郡郡长，常进谏规劝苟晞，后被苟晞杀害。时人称颂其气节。

法

【姓氏起源】

战国末期，田齐被秦所灭。为避祸，齐襄王子孙改田姓，用襄王名字法章的法字为姓，其后遂有法姓。

【名人】

法正，字孝直，扶风郿人。东汉末年名士，善奇谋，刘备称王后，封法正为尚书令、护军将军。谥号翼侯，是刘备时代唯一有谥号的大臣。

法若真，字汉儒，号黄石，又号黄山，山东省胶州人。清朝前期书画家。代表作《树梢飞泉图轴》画雨后山景，薄雾轻罩，飞泉奔流，静中有动，仿佛有声。

汝

【姓氏起源】

西周末年，周幽王被杀，太子宜臼东迁洛邑，建东周，史称周

255

平王。其子受封于汝邑，其子孙后以封地汝为姓。二说源于殷商贤人汝鸠的后代。

【名人】

汝郁，字幼异，陈国人。汉和帝时鲁相，为相时，以德化人，许多流浪农民都到他管辖的地方定居，时为人所赞。

汝为，宋朝人，曾以开洲刺史的身份出使金国。后为奸臣秦桧所逼，避在四川隐居。

鄢

【姓氏起源】

春秋时，郑国有鄢邑（现河南鄢陵），郑庄公讨伐反叛之弟共叔段至鄢邑，亦是此地。鄢邑后人遂以邑名鄢为姓。

【名人】

鄢国清，湖北省黄梅县人，革命烈士。1925年参加革命，同年加入中国共产党。曾任中共黄梅县委委员。

涂

【姓氏起源】

夏朝时有涂山氏，其后代有以涂为姓。二说古有涂水，居住此水畔之人后遂以涂为姓。

【名人】

涂晋生，著有《四书断疑》《易义矜式》等，受后人推崇。

钦

【姓氏起源】

秦末时，少数民族东胡别支被匈奴所灭，避祸迁徙至乌桓山，改称乌桓族，亦称乌丸族。其中的钦志贲部落的后裔子孙，后渐以钦为姓。

【名人】

钦德载，吴县人，宋末元初时人。初为都督计议官，宋亡后，隐居碧岩山，自号寿岩老人。

段干百里 东郭南门 呼延归海 羊舌微生

段干
【姓氏起源】

春秋时，老子之子李宗受封邑于段干，官封魏国大将，其子孙后代以封地段干为姓。

【名人】

段干木，魏国人。曾向孔子弟子子夏求学。虽有才能，但不愿为官。魏国君魏文侯曾登门拜访想封他官爵。他避而不见，越墙逃走。使得魏文侯更敬重他，每次乘车路过，都下车去看他。有人问魏文侯为什么要下车，魏文侯说他深居陋巷而名驰千里，我怎能不下车以表示对他的尊敬呢？

百里
【姓氏起源】

春秋时，百里奚原为虞国大夫，虞被晋灭后，他被俘获当作陪嫁之臣送入秦国，曾一度入楚养马。后又被秦穆公用五张黑公羊皮赎回，任为秦国大夫，世称五羖大夫，其子孙后代遂以百里为姓。

【名人】

百里嵩，字景山，封丘人。汉代徐州刺史。据传天旱时，百里嵩行仗所过之处，便有雨水降下，时称"刺史雨"。

257

东郭

【姓氏起源】

古代城邑筑围墙护城以称城，城围加筑一道城墙则称郭。居于国都郭墙内东、南、西、北四方的人，后遂分别有用东郭、南郭、西郭、北郭为姓。

【名人】

东郭牙，春秋时齐国大臣，为人正直，直言进谏，虽时有惹君王不高兴，但由于他的执着敢说，也为国家和百姓谋福利。

东郭顺子，战国时魏国贤士。修道守真，清而容物，是田方子的老师。

南门

【姓氏起源】

商汤贤臣蠕住在城都南门，时称南门蠕，其子孙后遂有以南门为姓。二说源于古时管城官，因主管负责开启、关闭都邑南门，其后代便以南门为姓。

呼延

【姓氏起源】

南北朝时，北方大漠匈奴族有呼衍贵族部落，随魏文帝南迁洛阳后，呼衍渐成复姓呼延。

【名人】

呼延笃，博通经书与百家之言，能著文章。汉桓帝曾以博士征，拜议郎。

呼延煦，字树南，满洲正蓝旗人。咸丰年间进士，官礼部尚书。善书画，尤擅山水。

归

【姓氏起源】

周代小国胡国，也称胡子国（现安徽阜阳），春秋时被楚灭。胡子国公族中即有归姓，是为归姓源始。

【名人】

归融，归崇敬的孙子，归登之子，官至兵部尚书。归家爷孙三代都被朝廷任命为兵部尚书，时为佳话。他为人正直，不怕权贵，秉公办事。

归庄，名祚明，字尔礼，号桓轩，昆山人，清初文学家。曾参加昆山抗清斗争。善书画，能诗文。著有《万古愁》。

海

【姓氏起源】

源于春秋卫灵公大臣海春之后。

【名人】

海瑞，明朝清官。历任知县、州判官、兵部尚书、尚书丞等职。为政清廉，洁身自爱；为人正直，从不谄媚。抑制豪强，打击污吏，安抚百姓，深受民众爱戴。

海子，原名查海生，被认为是冲击文学与生命极限的诗人。曾在中国政法大学哲学教研室工作。1989 年生日那天在山海关卧轨自杀，年仅 25 岁。因其诗作《面朝大海，春晚花开》而广为人知。

羊舌

【姓氏起源】

春秋时，晋国公族靖侯受封于羊舌，其后代遂以其封邑名羊舌为姓。

微生

【姓氏起源】

西周诸侯国宋国始祖微子启的后裔中有以微为姓，后其族人认为先祖生于微家，故改姓微生。二说源于鲁国贵族微生氏之后。

【名人】

微生高，春秋时鲁国人，孔子弟子。为人坦率。据说有人向他讨些醋，他不直说没有，而向邻人讨来转给他。

微生亩，春秋时鲁国的隐士。孔子常常聚众讲学，四处周游列国，微生亩对孔子说："你这样忙忙碌碌是要逞你的口才吗？"孔子说："我不是敢逞口才，是讨厌那些顽固不通的人。

岳帅缑亢 况后有琴 梁丘左丘 东门西门

岳

【姓氏起源】

唐尧时，有官职称四岳，主管四方诸侯大臣，也说主管山岳的祭祀工作，四岳的后裔子孙遂有以岳为姓。

【名人】

岳飞，字鹏举，北宋大将。军事家、抗金名将。背有母亲刺字"尽忠报国"。有岳云、岳雷、岳霖、岳震、岳霆五子。时与韩世忠、张俊、刘光世称南宋中兴四将。

帅

【姓氏起源】

源于以官职名为姓。上古至先秦时，官职师主管音乐，其后子孙遂以师为姓。二源于西晋时，师姓为避景帝司马师的名讳，将师去横改姓帅，遂有帅姓。

【名人】

帅念祖，字宗德，号兰皋，江西奉新人，清代画家。著有《树人堂诗》七卷。

帅方蔚，字叔起，又字子文，号石村，清代学者。著有《咫闻轩诗稿》《紫雯轩馆课》《帅太守稿》《左海交游录》等。

缑

【姓氏起源】

西周时，有卿大夫受封于缑，其子孙遂以缑为姓。二源于北魏鲜卑族渴侯氏，随孝文帝迁都定居洛阳后改为缑姓。

【名人】

缑玉，南北朝时人，孝女，《孝子传》上有她的故事。

缑谦，明代宗成化年间人。文武双全，曾任辽东总兵官，后因功升南京右通政，颇有政声。

亢

【姓氏起源】

春秋时卫国大夫三亢，其子孙后人以亢为姓。二源于战国时齐国有亢父邑，受封在此镇守亢父的士大夫后裔亦有以亢为姓。

【名人】

亢树滋，字铁卿，吴县人。清朝文人，著有《市隐书屋文集》。

况

【姓氏起源】

一说源于三国时蜀国况长宁之后。二说春秋时舒国，庐江郡即有况姓。

【名人】

况长宁，三国时期的蜀汉名臣，封骠骑将军，为蜀尽忠。

况逵，字肩吾，元朝安徽庐江人。少时勤奋读书，有救世济民之志。历任广西道廉访司书吏、光泽县尹。提倡文教，兴建云岩书院，招生讲学。

况钟，江西靖安人，明代苏州知府，刚直清廉、断狱公正。

后

【姓氏起源】

源于以官职为姓，古有后土一职，主管社稷，即田地和五谷。历经夏商周三代，被尊奉为土地之神，其后代遂有以官职后为姓。

【名人】

后稷，名弃，中国古代周族的始祖，邰氏之女所生。在尧、舜时代为农官。据说他善于种植各种粮食作物，并教民耕种，对当时农业发展做出贡献。

后羿，尧帝时代的羿，善射箭。传说十日齐出，祸害苍生，后羿射九日，即民间传说"后羿射日"的主人公。

有

【姓氏起源】

远古巢居的发明者有巢氏，其后代中有以有字为姓。二源于孔子的弟子有若字子有之后。

【名人】

有子，名有若，字子有。孔子的得意门生，七十二贤人之一。春秋末期鲁国人。主要思想体系跟随孔子，"四贤十二哲"当中他是属于"十二哲"之一，又因长相生得像孔子，后世尊称为有子，是孔子学生当中极少称子的一位。他的思想体系是孝悌为先和为贵。

琴

【姓氏起源】

春秋卫国人琴牢字子开，孔子弟子之一，其子孙后人遂以琴为姓。二源于世代相承的琴师子孙之后。

【名人】

琴高，战国时赵国人。能鼓琴，继承涓子、彭祖之术。

琴彭，明代为官。永乐年间，在地方上当州官，体恤百姓、效忠国家，时人称赞。

梁丘

【姓氏起源】

春秋时鲁国梁丘邑（现山东成武），有卿大夫受封于此，其后代子孙遂以梁丘为姓。

左丘

【姓氏起源】

春秋时，鲁国太史左丘明，其家族世代为史官，其后子孙遂以左丘为姓。

【名人】

左丘明，春秋末期鲁国人。鲁国太史，知识渊博，品德高尚。汉太史司马迁称其为"鲁君子"。据说左丘明家世代担任史官，故能搜索到列国之史以解释《春秋》，著有《春秋左氏传》和《国语》。

东门

【姓氏起源】

春秋时，鲁庄公之庶子公子遂，字襄仲，居于都城东门，时称东门襄仲。鲁文公死后，时值内忧外患，公室渐衰。公子遂借齐国之力立王，时称鲁宣公，其子孙后遂以东门为姓。

【名人】

东门归父，字子家，东门襄仲之子，鲁国大夫。欲除去三桓大夫，扩张公室。后鲁宣公死，全家遭三桓驱逐逃至齐国。

东门京，西汉时人，经学家。善相马，与将军马援曾分别向皇帝进献铸造铜马。这铜马模型相当于近代马匹外形学的良马标准型。

西门

【姓氏起源】

春秋时，郑国有大夫居于都城西门，其子孙后代遂以之为姓。

【名人】

西门豹，战国时人。魏文侯时任邺令，初到邺城时，人烟稀少，田地荒芜，一片冷清。后知百姓被"河伯娶妇"所困扰，巫婆说河伯发怒，所以水灾，每年叫百姓把少女投河，让河伯娶亲就免灾。女巫这样假借河伯娶妇，勾结官吏，榨取民财，使得百姓困苦不堪。西门豹了解情况后，巧妙地利用巫婆等地方豪绅为河伯娶妻的机会，把巫婆嫁给河伯，丢到河里了。

西门季玄，唐朝时的忠臣。

商牟佘佴 伯赏南宫 墨哈谯笪 年爱阳佟

商

【姓氏起源】

商纣王的贤臣商容，其后代便以商为姓。二说周武王灭商后，商朝的公族子孙后代以故国名商为姓。三源于战国时，卫国人公孙鞅两次在秦实施变法，史称商鞅变法。因战功受封商十五邑，时称商君，其后子孙遂以商为姓。

【名人】

商高，周代数学家，著有《周髀算经》，中国第一本数学著作。

商瞿，字子木，春秋末年鲁国人，孔子弟子。

商鞅，战国时期秦国功臣，人所共知的历史人物。他以刑名法术之学，被秦孝公重用为相。废井田、开阡陌、重农桑、奖军工、改赋税之法，在短短的十年内，使秦国面貌大变，夜不闭户，路不拾遗，秩序井然。

牟

【姓氏起源】

春秋时有牟子国（现山东莱芜东），居其地者遂以牟为姓。

【名人】

牟谷，宋代画家。

牟及，台州黄岩人，南宋官吏、诗人。著有《乐在稿》。

佘

【姓氏起源】

一说源于春秋晋人由余之后，余姓演化成佘姓。二说春秋齐国有佘丘邑，齐国公族有受封于此地者，其子孙后代遂姓佘丘，后演化成佘。三说源于蛇丘、沙姓等音讹写作佘丘、佘姓。

【名人】

佘钦，江西南昌人。唐朝太学博士。

佘太君，名赛花，杨继业之妻。史上确有其人。据说佘太君原为折太君，她认为折姓不太吉利，毅然改为同音字佘，意在子孙福禄有余。又说因说书人以讹传讹，用了同音字佘所致。《杨家将》

里说，佘太君百岁挂帅，率领杨门女将出征，率领十二寡妇各守一城，击败西夏大军，班师回朝。

佴

【姓氏起源】

起源不详，佴姓极少见。一种说法认为源于东汉光武帝左相佴湛之后。

伯

【姓氏起源】

帝舜时，伯益为掌管山泽的虞官，因助大禹治水有功，被禹选定为王位继承人，后被禹之子启所杀，伯益的子孙后代遂以伯为姓。

【名人】

伯牙，春秋时人。善鼓琴，代表作有琴曲《水仙操》《高山流水》，传说钟子期能知其意。子期死后，他觉得世上再无知音，不再鼓琴。他与钟子期的知音佳话，已成千古绝唱。

伯乐，亦称阳子，春秋时人。秦穆公的臣子，他认为相千里马必须"得其精而忘其粗，在其内而忘其外"，观点对后人启发很大。世人常有"千里马常有，而伯乐不常有"的感叹。

赏

【姓氏起源】

春秋时吴国建都吴中，当时吴中八姓之一就有赏姓。

南宫

【姓氏起源】

春秋时，鲁国人南宫括，字子容，孔子弟子之一。言行深得孔子赏识，甚至将哥哥之女嫁其为妻，其后遂有南宫姓。二说源于鲁国大夫名阅，居于南宫，遂以南宫为姓。

【名人】

南宫括，名适，又名韬，字子容，亦称南宫适，鲁国人。孔子弟子，七十二贤人之一。

墨

【姓氏起源】

源于改姓，商代孤竹国国君墨胎氏，后改为墨姓，孤竹国君即墨姓先祖。

【名人】

墨子，名翟，春秋战国时思想家、政治家，墨家创始人。曾学习儒术，后因不满礼之烦琐，另立新说，成为儒家的主要反对派。著有《墨子》一书。其思想主要包括天志明鬼、兼爱非攻、尚同尚贤、节用节葬等。墨学当时对思想界影响很大，与儒家并称"显学"。

哈

【姓氏起源】

源于我国少数民族回族的姓氏，据说为回族十三姓之一。此外满族中也有以哈为姓。

谯

【姓氏起源】

周文王的支裔后有受封地于谯（现安徽亳州），其后子孙遂以谯为姓。

【名人】

谯周，三国时期蜀国名士。著有《谯子法训》《论语注》《五经然否论》《古考史》《巴蜀异物志》等。其中《古考史》，时被誉为能与《史记》并行于世的史书。

谯纵，巴西南充人，十六国时期后蜀国君。义熙元年据蜀，称成都王，后兵败国亡。

笪

【姓氏起源】

以职业为姓，古称竹编凉席为笪。古代建州（现福建建瓯）多有此姓。

年

【姓氏起源】

一说姜太公后裔中有以年为姓。二说有严姓因音讹传为年姓。

【名人】

年希尧，清朝初年文官。因官用瓷器都在江西景德镇烧成，他曾被派江西景德镇去监督烧瓷器，对瓷业的恢复和创新发展有着承前继后的贡献。著有《纲鉴甲子图》被传至欧洲出版，他还将西方的透视技法改编为《视学》在中国出版。

年羹尧，字亮工，清汉军镶黄旗人，康熙进士。历任四川巡抚、四川总督、川陕总督等。后因骄纵揽权，屡干涉朝政及地方事务，用人自专，人称"年选"。后遭清世宗猜忌，旋以九十二大罪勒令自缢。

爱

【姓氏起源】

唐代西域回鹘国，与唐一直保持着友好关系并从属于唐朝。回鹘国相国爱邪勿，曾出使唐朝，受唐朝皇帝赐姓为爱，其子孙后代遂沿用爱姓。

【名人】

爱星阿，满洲正黄旗人，清代将领。曾与吴三桂督师赴缅甸，还京加太保。谥号敬康。

阳

【姓氏起源】

周代有小国阳国，春秋时被齐所灭，其后人遂以阳为姓。二源于以地名为姓。东周景王封其子于阳樊，后为避诸侯间不断战乱，举族迁往燕国，其后遂以原封地名中的阳字为姓。

佟

【姓氏起源】

夏朝太史终古，商汤灭夏，后代以终为姓，因终与佟两字音形相近，后演化出佟姓。二源于女真族有佟佳氏，佟佳氏与汉民族融合过程中，逐渐演变为佟姓。

第五言福 百家姓终

第五

【姓氏起源】

汉高祖刘邦称帝后，为削弱地方豪强割据势力，将战国时原六国诸侯王族后裔迁至关中。其中原齐国田氏族家族众多，故用次第划分排序的方法，从第一至第八按次来代替其原来姓氏，划分为第五次序的后人遂以第五为姓。

【名人】

第五伦，字伯鱼，东汉京兆长陵（现陕西咸阳）人。性质悫，少文采，举孝廉，拜会稽太守，以清廉著名当时。

言

【姓氏起源】

春秋吴国人言偃，字子游，孔子弟子之一，时任鲁国武城宰，善以礼乐教化人，其子孙后代遂以言为姓。

【名人】

言偃，字子游，也称言游、叔氏，春秋末吴国人。与子夏、子张齐名，"孔门十哲"之一。曾为武城县令，他的儒学思想曾为历代人们所推崇。

福

【姓氏起源】

一源于春秋齐国大夫福子丹之后。二源于清代满族富察氏、蒙古族旺察氏等，以福为称谓，如康熙时大学士福敏，乾隆时参赞大臣福禄等，其后遂有以福为姓。

【名人】

福敏，字龙翰，富察氏，满洲镶白旗人。及世宗即位，官为内阁学士，兼礼部侍郎。历任浙江巡抚、左都御史、翰林院掌院学士、湖广总督等职。

福康安，字瑶林，富察氏，清满洲镶黄旗人。清高宗孝贤皇后侄，大学士傅恒之子。历任云贵、四川、闽浙、两广总督等。

千字文

秦代出现过《仓颉篇》启蒙书，其后也出现过一些启蒙读物，但可读性有限。就是在这样的背景下，《千字文》问世了。因文笔优美、辞藻华丽、内容精美，所以《千字文》渐渐成为《仓颉篇》之后又一突出的蒙学读物，是其他任何一部蒙学读物无法望其项背的。

《千字文》的成书年代是在南北朝梁武帝时，员外散骑侍郎周兴嗣奉皇命从王羲之书法中选取 1000 个字编纂成文，用来教育皇家子孙。周兴嗣绞尽脑汁，用了一夜时间煞费苦心编好了中国教育史与文化史上的经典之作，是为《千字文》。文章四字一句，押韵整饰，朗朗上口，便于教授和背诵，文采上独领蒙学读物风骚，堪称训蒙长诗。由于历代书法大师喜好书写《千字文》，如宋徽宗、赵孟頫等，他们的作品流传很广，书体与风格各异，影响很大，无疑也促进了《千字文》在民间的传播，提高了《千字文》的知名度，也为世人留下了伟大的艺术瑰宝。

《千字文》在内容上熔各知识于一炉，通篇贯以统一思想，脉络清晰，语言洗炼，构思精巧。开首的"天地玄黄，宇宙洪荒"说的是自然现象，包括天文和地理，略论其事，将之作为客观背景，自然而然地顺势将人们引入对社会生活的论述，然后依照"修身、齐家、治国、平天下"的儒家文化传统体系讲下去，简明地介绍了与人们生活息息相关的自然、社会、历史等许多方面的知识，阐述了中国传统文化中源远流长的做人的道理。整体看来，其文采灿烂，娓娓动听，又具知识性与趣味性，成书后一直作为私塾启蒙的必读课本。作为一部有影响的作品，在很早就涉洋渡海，传播于世界各地，相继出现了日文、英文、法文、拉丁文、意大利文等版本。

天地玄黄[1]，宇宙洪荒[2]。日月盈[3]昃[4]，辰宿列张[5]。

【注释】

[1] 玄黄：天刚亮时是玄青色，大地是黄土色。[2] 洪荒：深阔浩渺。[3] 盈：月圆。[4] 昃（zè）：太阳西斜。[5] 列张：排列分布。

【译文】

天是青色的，地是黄色的，无际的宇宙形成于混沌的状态。太阳东升西下，日出日落，月圆月缺，星辰罗布自有排列。

寒来暑往，秋收冬藏。闰余成岁，律吕[1]调阳。云腾致雨，露结为霜。

【注释】

[1] 律吕：中国古代把一个八度分为十二个不完全相等的半音，从低到高依次排列，作为十二个高度不同的标准音，每个半音称一律，其中奇数各律叫做"六律"，偶数各律叫做"六吕"，总称"律吕"。用十二个律和十二个月对应，用律吕以调阴阳。

【译文】

寒来暑往，一年四季。秋天收割庄稼，冬天储存粮食。历法纪年用闰月闰日来调整，乐律上用律吕来调节时序阴阳。云气蒸发，遇冷就形成了雨，夜里露水遇冷就凝结成霜。

金生丽水[1]，玉出昆冈。剑号巨阙[2]，珠称夜光[3]。

【注释】

[1]丽水：也称丽江、金沙江，出产黄金。昆冈：昆仑山。[2]巨阙：欧冶子铸造的五把宝剑之一，锋利无比，其余四把名为纯钩、湛卢、莫邪、鱼肠。[3]夜光：传说隋侯救好了一条受伤的大蛇，大蛇衔了一颗夜光珠来报答他。据说夜光珠出自南海，由鲸鱼目瞳所变，是夜里可以闪闪发光的宝珠。

【译文】

黄金出产在金沙江，玉石生成在昆仑山。最锋利的宝剑叫巨阙，最珍贵的明珠叫夜光。

果珍李奈^[1]，菜重芥姜。海咸河淡，鳞^[2]潜羽^[3]翔^[4]。

【注释】

[1]奈（nài）：沙果，即花红。[2]鳞：泛指鱼类。[3]羽：泛指鸟禽类。[4]翔：飞翔。

【译文】

美味的水果有李子和沙果，营养的蔬菜有芥菜和姜。海水咸，河水淡，鱼在水里游，鸟在天空展翅翱翔。

龙师^[1]火帝^[2]，鸟官^[3]人皇^[4]。始制文字，乃服衣裳。

【注释】

[1]龙师：指伏羲氏，因他用龙给百官命名，人称龙师。[2]火帝：指神农氏，因他用火给百官命名，人称火帝。[3]鸟官：指少昊氏，因他用鸟给百官命名，人称鸟官。[4]人皇：传说中的三皇之一。

生有九个头，驾着六只大鸟，乘着云车。

【译文】

　　龙师、火帝、鸟官、人皇都是上古的有名人物。仓颉创造了文字，嫘祖教民制作衣服。

　　推位让国，有虞[1]陶唐[2]。吊民伐罪，周发[3]殷汤。

【注释】

　　[1]有虞: 有虞氏，这里指舜，又称虞舜。上古部落首领。[2]陶唐: 陶唐氏，这里指尧，又称唐尧。上古部落首领。[3]周发: 西周开国第一个君主武王姬发，讨伐暴君商纣王，灭商而建周朝。

【译文】

　　禅让君位和国家给别人的，始有圣君虞舜和唐尧。安抚百姓、讨伐暴君的，始有周武王姬发和商王成汤。

　　坐朝问道，垂拱[1]平章[2]。爱育黎首[3]，臣伏戎羌。遐迩一体，率宾[4]归王。

【注释】

　　[1]垂拱: 垂衣拱手，意思是不做什么。用作称颂皇帝无为而治的话语。[2]平章: 意指辨别彰明，论功行赏。[3]黎首: 黎民百姓。[4]率宾: 率土之滨，意指四海之内。

【译文】

　　贤明君王坐在朝堂，向大臣们询问治天下的良方，垂衣拱手，无为而治，考核百官，论功彰显。他能爱戴黎民百姓，使戎族和羌族等四方诸族都俯首称臣。普天下江山统一，无论远近，四海归一。

鸣凤在竹，白驹食场。化被[1]草木[2]，赖[3]及万方。

【注释】

[1]被：遍及。[2]草木：泛指天下万物。[3]赖：惠，利。

【译文】

凤凰在竹林里欢快鸣唱，小白马在草场上悠然觅食，草木万物都沐浴着太平盛世的阳光雨露，君王的仁德之治惠及天下百姓。

盖[1]此身发，四大[2]五常[3]。恭惟[4]鞠养[5]，岂敢毁伤。

【注释】

[1]盖：发语词，无实义。[2]四大：指地、水、风、火。[3]五常：指仁、义、礼、智、信。[4]恭惟：恭敬地思想。[5]鞠（jū）养：抚养，养育。

【译文】

人们的身体力行，关系到天地伦常，虔敬地想着父母的养育之恩，怎敢轻易毁伤身体。

女慕[1]贞洁，男效[2]才良。知过必改，得能莫忘。罔谈[3]彼短，靡恃己长。

a1b2

【注释】

[1]慕：仰慕。[2]效：效法。[3]罔谈：不随便谈论。

【译文】

女人应仰慕贞节保持纯洁，男人应效仿才能兼备的人。知道自己有过错必定改正，掌握了某种技能就不能忘记。不要议论别人的短处，也不要炫耀自己的长处而不思进取。

信使可覆，器欲难量。墨[1]悲丝染[2]，诗赞羔羊[3]。

【注释】

[1]墨：墨子，名翟。战国初期思想家、政治家、墨家学派创始人。[2]丝染：语出《墨子闲诂》卷一，墨子见染丝者染色，悲叹道："染于苍则苍，染于黄则黄。"强调了环境对人的影响极为重要。[3]羔羊：语出《诗·召南·羔羊》的"羔羊之皮"，文中用羔羊毛的洁白来比拟君子品德高尚。

【译文】

信用要经得起考验，器量则越大越好。墨子悲叹白色的蚕丝被染上了各种各样的颜色，《诗经》赞颂君子品德高尚，好比羔羊毛色纯正，始终洁白如一。

景行[1]维贤，克[2]念[3]作圣。德建名立，形端表[4]正。

【注释】

[1]景行：语出《诗·小雅·车辖》的"高山仰止，景行行止。"意思是要仰慕贤人的品德言行，与之看齐，站到一个队列中去。[2]

277

克：能。[3] 念：欲望。[4] 表：外表、仪表。

【译文】

向圣贤看齐，仰慕他们的德行，克制自己的私念，才能成为圣贤之人。德行树立起来了，名声自然随之而来，就像形体端庄了，仪表自然就堂堂正正了。

空谷传声，虚堂习[1]听。祸因恶积，福缘善庆[2]。尺璧[3]非宝，寸阴是竞[4]。

【注释】

[1] 习：重。[2] 庆：语出《易·坤·文言》："积善之家，必有余庆；积不善之家，必有余殃。"[3] 璧：圆形的玉。[4] 竞：争。

【译文】

空旷的山谷里声音会传出回声，空荡的厅堂里声音会引起共鸣。灾祸是作恶多端的结果，幸福是乐善好施的回报。直径一尺长的美玉不算珍宝，一寸短的时光值得珍惜。

资[1]父事[2]君，曰严与敬。孝当竭力[3]，忠则尽命。

【注释】

[1] 资：奉养。[2] 事：侍奉。[3] 竭力：竭尽全力。

【译文】

奉养父母和侍奉君王，要心存严肃与恭敬。孝顺父母当竭尽全力，效忠君王当不惜生命。

临深履薄，夙兴[1] 温清[2]。似兰斯[3] 馨[4]，如松之盛[5]。

【注释】

[1]夙兴："夙兴夜寐"的省略语，意指早起晚睡。[2]温清："冬温夏清"的省略语。清，凉。[3]斯：这样。[4]馨（xīn）：芳香。[5]盛：挺拔茂盛。

【译文】

以如临深渊、如履薄冰般的谨慎态度侍奉君主，要有早起晚睡、冬暖夏凉的周到之心侍候父母。让品行如兰草般芳香四溢，如松柏般茂盛久长。

川流不息，渊澄[1] 取映[2]。容止[3] 若思，言辞安定。

【注释】

[1]渊澄：水清透澈。[2]取映：可用来映照。[3]容止：仪容举止。

【译文】

江河水日夜奔流不息，深潭水明镜般清澈照人。仪容举止要沉静安详，言语对答要从容镇定。

笃[1] 初诚[2] 美，慎终宜令。荣[3] 业所基，籍甚[4] 无竟[5]。

【注释】

[1]笃：忠实，认真。[2]诚：实在，的确。[3]荣：光荣，荣耀。[4]籍甚：盛大。[5]竟：止，穷尽。

【译文】

一开始真诚认真固然很好，但始终如一、坚持到底就难能可贵了。荣耀事业的基础在于根基牢固，前途发展就会永无止境。

学优^[1]登仕，摄职从政。存以甘棠^[2]，去而益咏。

【注释】

[1]学优：语出《论语》中"学而优则仕"。[2]甘棠：语出《诗·召南·甘棠》："蔽芾甘棠，勿翦勿伐，召伯所茇。"相传西周时，召伯巡视南方，曾于甘棠树下理政办公，后用"甘棠"来形容对官员的称赞。

【译文】

学业优秀就能做官，可以行使职权参与国政。周人怀念召伯的德政，召伯活着时曾在甘棠树下理政。他虽已离去，百姓却越发怀念与歌颂他。

乐殊^[1]贵贱，礼别尊卑^[2]。上和下睦，夫唱^[3]妇随^[4]。

【注释】

[1]殊：区别，不同。[2]礼别尊卑：礼仪要区别人的尊卑。[3]唱：提倡。[4]随：跟随。

【译文】

乐器的使用会因人们身份贵贱而有所不同，礼仪的行使会因人们地位的高低而有所区别。上上下下要和睦相处，夫妻要一唱一随，协调和谐。

外受傅训[1]，入奉[2]母仪[3]。诸[4]姑伯叔，犹子[5]比儿。

【注释】

[1]傅训：师傅的训导，教诲。[2]奉：遵守。[3]仪：规矩礼仪。[4]诸：各位。[5]犹子：侄子。

【译文】

在外要听受师傅的教诲，在家要遵从父母的教导。对待姑妈舅母、伯父叔舅如同对待自己的父母，对待侄儿、侄女如同对自己的子女一样。

孔怀[1]兄弟，同气连枝。交友投分[2]，切磨[3]箴[4]规。

【注释】

[1]孔怀：多指兄弟，语出《诗·小雅·棠棣》的"死丧之威，兄弟孔怀。"[2]投分：意气相投。[3]切磨：原指加工玉石等，此意指学问上的探究。[4]箴：劝告、劝勉。

【译文】

兄弟之间要情同手足，气息相通，如同连理枝相连。结交朋友要意气相投，共同研讨，相互切磋勤学劝勉。

仁慈隐恻[1]，造次[2]弗离[3]。节义廉退[4]，颠沛匪亏[5]。

【注释】

[1]隐恻：隐忍、恻隐。[2]造次：轻易，匆忙。[3]弗离：不可丢弃。[4]退：退让。[5]亏：缺。

281

【译文】

对人要有仁爱怜悯之心，别人需要帮助时不要轻易抛弃。气节、正义、廉洁、谦让这些品德，即便是遭遇挫折、颠沛困境，也不能亏缺。

性静情逸，心动神疲。守真[1]志满，逐物[2]意移。坚持雅操，好爵[3]自縻[4]。

【注释】

[1]守真：保持真诚的天性。[2]逐物：追逐物质利欲。[3]好爵：高官厚禄。[4]縻（mí）：牵系，束缚。

【译文】

性情平静淡定，情绪就舒适安逸；心为外物所动，精神就疲惫不堪。保持善良的天性，知足就会满意；追逐物质的享受，意志就会衰退。坚持保守高雅情操，不被高官厚禄所迁累。

都[1]邑华夏，东西二京[2]。背邙[3]面洛[4]，浮渭[5]据泾。

【注释】

[1]都：都城。[2]东西二京：指洛阳和长安。[3]邙（máng）：邙山。[4]洛：洛水。[5]浮渭：指在渭水之滨。长安位于渭水与泾水汇合处的南岸水边。

【译文】

中国古代的都城，有东京洛阳和西京长安。东京洛阳背靠邙山，面临洛水；西京长安左临渭水，右依泾河。

宫殿盘郁[1]，楼观飞惊[2]。图写[3]禽兽，画彩[4]仙灵。

【注释】

[1]盘郁：曲折盘旋。[2]惊：惊叹。[3]图写：描绘。[4]画彩：用彩笔画。

【译文】

两京的宫殿曲折盘旋，回旋曲绕；楼台宫阙凌空欲飞，令人心惊。宫殿内外画着飞禽走兽，还有彩绘的天仙神灵。

丙舍[1]傍启[2]，甲帐[3]对楹[4]。肆[5]筵设席，鼓[6]瑟[7]吹笙。升[8]阶纳[9]陛，弁[10]转疑星。

【注释】

[1]丙舍：宫中的别室。[2]傍启：即旁启，侧面开门。[3]甲帐：汉武帝时所造的帐幕，按天干数字排序。[4]对楹：殿堂前的左右两根大柱。[5]肆：摆设。[6]鼓：弹奏。[7]瑟（sè）：指一种乐器。[8]升：登上。[9]纳：进入。[10]弁（biàn）：古代官帽，缀有珠玉。

【译文】

正殿两旁敞开的是嫔妃的厢房，左右大柱撑起皇帝的甲帐。宫殿里到处摆着丰盛的酒席，弹琴吹笙曲美悠扬。台阶上官员们上下来回互相敬酒，礼帽转动着，珠光闪闪疑似星辰闪烁。

右通广内[1]，左达承明[2]。既集坟典[3]，亦聚群英。杜稿[4]钟隶[5]，漆书[6]壁经[7]。

【注释】

[1] 广内：西汉内廷藏殿，泛指藏书库。[2] 承明：西汉朝廷著述之处，未央宫的殿名。[3] 坟典：指《三坟》《五典》，记载三皇五帝事迹的书。[4] 杜稿：指东汉杜度的草书章奏手稿。[5] 钟隶：指汉末钟繇的隶书真迹。[6] 漆书：指用漆书写的竹简。[7] 壁经：指汉代鲁恭王刘余在曲阜孔庙墙壁上发现的古文经书。

【译文】

向右行可通向广内殿，朝左转可到达承明殿。广内殿藏集了古今典籍，承明殿汇聚了群英豪杰。典籍里面有杜度的草章手稿和钟繇的隶书真迹，有从魏安厘王冢中发掘的漆写古书，也有汉代鲁恭王发现的孔庙壁经。

府罗将相，路侠[1] 槐卿[2]。户封八县，家给千兵。

【注释】

[1] 侠：同"夹"。[2] 槐卿：指三公九卿。

【译文】

两京城内将相府第星罗棋布，三公九卿出行时侍行分列路旁。文臣武将都有八县多的封地，家家还有上千名的侍卫随从。

高冠[1] 陪辇，驱毂[2] 振缨[3]。世禄侈富，车驾肥轻。策功茂实，勒[4] 碑刻铭[5]。

【注释】

[1] 冠：帽子。[2] 驱毂（gǔ）：驱车。毂，车轮中心的圆木。

[3]缨：飘带。肥轻：语出《论语·雍也》中的"乘肥马，衣轻裘"。
[4]勒：刻。[5]铭：铭文。

【译文】

  将相官员头戴高帽陪从帝王出行，车马奔驰，彩饰飘扬。大臣们世袭国家俸禄，生活奢侈富裕，驾着高车肥马，穿着轻衣裘皮。出谋划策卓著者，功劳会被立碑刻铭，勉励业记功绩。

磻溪[1]伊尹[2]，佐时阿衡[3]。奄[4]宅曲阜，微[5]旦[6]孰营。

【注释】

  [1]磻溪：指姜太公吕尚曾在磻溪钓鱼，遇周文王拜为太师，辅佐周武王灭商。[2]伊尹：指商王成汤的宰相。原为奴隶，后被重用任以国政，辅佐商汤灭夏桀。[3]阿衡：语出《诗·商颂·长发》的"寮维阿衡，左右商王"。商朝官名，相当于宰相。[4]奄（yǎn）：西周时小国名。[5]微：如果没有。[6]旦：周公旦。

【译文】

  吕尚和伊尹，是辅佐君王有功于时的一代名相。夺取古奄国之地以建曲阜，如果没有周公旦还有谁能把鲁国管理得这么有序呢？

桓公匡合，济弱扶倾。绮[1]回汉惠，说[2]感武丁。俊乂[3]密勿，多士寔宁。

【注释】

  [1]绮：绮里季，与东园公、甪里先生、夏黄公因隐居商山，人称商山四皓。汉惠帝刘盈做太子时性格文弱，没有帝王霸气，使

得汉高祖曾一度想另立太子。吕后运用张良的计策，厚礼接来汉高祖极为尊敬的商山四皓说服刘邦，汉高祖见太子羽翼已成，就打消了另立太子的念头。[2]说：傅说。相传傅说原在傅岩筑墙修路，殷高宗武丁梦见他是辅佐殷商的圣人，便以画相访寻拜求此人，任为宰相。[3]乂（yì）：治理，安定。

【译文】

　　齐桓公匡正天下诸侯，以帮助弱国、拯救危亡为名。绮里季挽回了汉惠帝的太子位，傅说因武丁之梦受封重臣。贤士英杰辅佐君王勤勉努力，换得天下太平和谐安宁。

　　晋楚更霸，赵魏困横[1]。假途灭虢[2]，践土会盟。何[3]遵约法，韩[4]弊烦刑[5]。

【注释】

　　[1]赵魏困横：横，连横。战国时，齐、楚、燕、赵、魏、晋六国联合以抗秦，称合纵。六个国家中一个个国家随从秦国以进攻别国，称连横。秦国采用远交近攻政策，首先讨伐接壤的赵、魏两国，所以说"赵魏困横"。[2]假途灭虢（guó）：春秋时，晋献公从虞国借道，攻击虢国。[3]何：萧何，西汉高祖时丞相，制定了简约的汉代第一部律法《九章律》。[4]韩：韩非。[5]烦刑：指苛刻的刑法。

【译文】

　　晋文公、楚庄王先后称霸，赵国、魏国被秦国灭受困于连横。晋国向虞国借道消灭虢国，晋文公在践土召集诸侯会盟。萧何遵守自己拟定的约令律法，韩非死在自己主张的严刑酷法下。

起[1]翦[2]颇[3]牧[4]，用军最精。宣威沙漠[5]，驰誉丹青。

【注释】

[1]起：白起，战国时秦国将领。[2]翦（jiǎn）：王翦，战国时秦国将领。[3]颇：廉颇，战国时赵国将领。[4]牧：李牧，战国时赵国大将。[5]宣威沙漠：指西汉大将卫青、霍去病等在北方征败匈奴，名振大漠。

【译文】

战国名将白起、王翦、廉颇、李牧，用兵作战最为精通。西汉大将卫青、霍去病屡立战功，大漠威名远扬，他们的功勋战绩天下赞誉，载入史册，永留英名。

九州禹迹，百郡秦并。岳宗泰岱，禅主云亭[1]。

【注释】

[1]云亭：云云、亭亭二山的合称，为泰山南侧支脉。据说帝王在泰山祭天，在云云山或亭亭山祭地。

【译文】

九州大地处处留下了大禹治水的足迹，天下数以百计的郡县在秦并六国后统一。五岳之中以泰山为尊，帝王封禅、祭天祭地都在云云山、亭亭山上举行仪式。

雁门[1]紫塞[2]，鸡田[3]赤城[4]。昆池[5]碣石[6]，巨野[7]洞庭。旷远绵邈[8]，岩岫杳冥[9]。

【注释】

[1]雁门：山名，在现山西代县境内，上有西陉关，也称雁门关。[2]紫塞：指长城。[3]鸡田：地名，鸡泽，现河北永年境内。[4]赤城：地名，晋魏时曾于此地置戍防御，也说是浙江天台山脉山峰。[5]昆池：即昆明滇池。[6]碣石：古山名。传说秦始皇东巡至此，刻石观海。[7]巨野：古湖泽名，在山东。[8]绵邈：连绵遥远的样子。[9]岫（xiù）杳（yǎo）冥（míng）：岫，山，山洞；杳，幽暗深远；冥，幽深高远。

【译文】

雁门险关、边塞长城，鸡田盟会、戍守赤城，昆明滇池、碣石刻铭，巨野大泽、湖数洞庭。辽阔广大，绵延遥远，高峰峻峭，岩穴幽深，山河莫测。

治本于农，务兹[1]稼穑[2]。俶[3]载南亩，我艺[4]黍稷。税熟贡新，劝[5]赏黜陟。

【注释】

[1]兹（zī）：此。[2]稼穑（sè）：稼，耕种；穑，收割庄稼。[3]俶（chù）：开始。[4]艺：种植。[5]劝：奖励。

【译文】

治国之本在于农业，务必做好播种与收获。在田地里耕种五谷杂粮。庄稼成熟就要纳税，贡进新谷给国家，庄稼种得好坏自有奖罚分明。

孟轲[1]敦素[2]，史鱼[3]秉直。庶几[4]中庸，劳谦[5]谨敕[6]。

【注释】

[1]孟轲：战国时期的思想家孟子。[2]敦素：崇尚本色。[3]史鱼：春秋时期卫国大夫。[4]庶几：接近。[5]劳谦：勤劳谦逊。[6]敕（chì）：端正。

【译文】

孟子崇尚简单朴素，史鱼坚持正义直言。要想中庸不偏不倚，需要勤劳谦逊，谨慎检点。

聆[1]音察理[2]，鉴[3]貌辨色。贻厥嘉猷[4]，勉其祗[5]植[6]。

【注释】

[1]聆：听。[2]察理：辨析事理。[3]鉴：观看，察看。[4]嘉猷（yóu）：好的谋略。[5]祗（zhī）：恭敬。[6]植：立身处世。

【译文】

听人说话要分析其中道理，与人交往要注意察颜观色。赠人的莫过于好的建议，勉励人守处世之道。

省躬[1]讥诫，宠增[2]抗[3]极[4]。殆[5]辱近耻，林皋[6]幸[7]即。两疏[8]见机，解组谁逼。

【注释】

[1]省（xǐng）躬：反省自己。[2]宠增：不断增加的荣耀。[3]抗：抵御。[4]极：极点，极端。[5]殆：差不多，接近。[6]林皋：指林泉，意指退隐之地。[7]幸：幸免。[8]两疏：指西汉时疏广疏受叔侄二人。

289

【译文】

时常反省自己，不要讥讽别人。防止荣宠增加过度到极点，得意忘形时常常也就临近耻辱，退隐山林还可以幸免于祸。汉代时疏广、疏受叔侄见机隐居避祸，解印归田，有谁相逼？

索居[1]闲处[2]，沉默寂寥。求[3]古寻论，散[4]虑逍遥。欣[5]奏累[6]遣，戚谢[7]欢招。

【注释】

[1]索居：孤独生活。[2]闲处：悠闲度日。[3]求：探求。[4]散：排除。[5]欣：喜悦。[6]累：烦恼。[7]谢：辞别，离去。

【译文】

离群独居，悠闲自在，无比安静。寂静何等不是好事。在古书中探求人生道理，消散忧虑杂念，何等自在逍遥。喜悦增添，烦恼自然排除。忧虑散去，欢乐招之即来。

渠荷[1]的历[2]，园莽[3]抽条[4]。枇杷晚[5]翠，梧桐早凋。

【注释】

[1]渠：池塘。[2]的历：光彩鲜明的样子。[3]莽：丛生的草。[4]抽条：发芽。[5]晚：季节晚。

【译文】

池塘里的荷花艳丽妖娆，园林中的青草抽出嫩芽。冬日里的枇杷树依旧翠绿，而梧桐早在秋天就凋谢了。

陈[1]根委翳[2]，落叶飘摇。游鹍[3]独运[4]，凌摩绛霄[5]。

【注释】

[1]陈：老的。[2]委翳（yì）：委，同"萎"，枯萎。翳，同"殪"，树木枯死，倒伏于地。[3]鹍（kūn）：鹍鹏。[4]运：翱翔。[5]绛霄：即赤霄，九霄之一。

【译文】

老树根枯萎已死，落下的叶子随风飘摇。而悠游的鹍鹏正独立翱翔，展翅凌空，直冲九宵。

耽[1]读玩市[2]，寓目囊箱[3]。易[4]輶[5]攸畏，属耳[6]垣墙。

【注释】

[1]耽：沉迷，沉溺。[2]玩市：东汉王充年幼家贫无书，他常游走于洛阳书市，在书摊上看所卖之书，过目不忘。[3]囊箱：指书箱。[4]易：换。[5]輶（yóu）：一种轻便的车子，古时朝廷耳目轻车从民间收集言论。[6]属（zhǔ）耳：附耳贴近，此指窃听。

【译文】

沉迷于读书最好是徜徉于书摊，眼睛所看到的都是书袋和书籍。换了轻身的车子要注意安全，说话时要防止隔墙有耳。

具[1]膳餐饭，适口充肠。饱饫烹宰[2]，饥厌[3]糟糠[4]。

【注释】

[1]具：准备。[2]烹宰：烹羊宰牛，代指鱼肉荤食。[3]厌：满足。

[4] 糟糠（zāo kāng）：酒糟米糠。

【译文】

　　准备家中的饭菜，要口味合适让人吃得饱。吃饱的时候，大鱼大肉也不想吃了。饥饿的时候，酒糟糠皮都不嫌弃。

　　亲戚故旧，老少异粮[1]。妾御[2]绩纺[3]，侍巾[4]帏房[5]。

【注释】

　　[1]异粮：指不同的食物。[2]御：指从事。[3]绩纺：纺纱织布。[4]巾：头巾，泛指衣帽。[5]帏房：内房。

【译文】

　　亲戚老友来做客，老人和小孩要用不同的饭菜款待。妻妾在家纺纱织线，服侍丈夫递衣递帽。

　　纨扇[1]圆絜，银烛炜煌[2]。昼眠夕寐[3]，蓝笋[4]象床。

【注释】

　　[1]纨扇：绢制圆扇。[2]炜（huī）煌：指辉煌，明亮。[3]寐（mèi）：睡觉。[4]蓝笋：指用青竹编成的席子。

【译文】

　　圆圆的绢扇素雅洁白，白白的蜡烛银亮辉煌。白天休憩，晚上睡眠，用的是青竹所编的竹席、象牙雕饰的床。

　　弦歌酒宴，接杯举觞[1]。矫[2]手顿足，悦豫[3]且康[4]。

【注释】

[1]觞（shāng）：酒杯。[2]矫：举起。[3]悦豫：高兴，愉快。[4]康：安乐。

【译文】

歌舞弹唱，助兴宴会，高举酒杯，互相敬酒。人们手舞足蹈，愉快地彼此祝福安康。

嫡[1]后嗣续，祭祀烝尝[2]。稽颡[3]再拜，悚惧恐惶。

【注释】

[1]嫡：旧时指正妻与其所生长子，嫡长子具有继承权。[2]烝（zhēng）尝：古代天子诸侯祭祀，春祭称礿，夏祭称禘，秋祭称尝，冬祭称烝。此代指四时祭祀。[3]稽颡（qǐ sǎng）：屈膝下拜，以额触地的一种跪拜礼，表示极度的虔诚和感谢的心情。

【译文】

嫡长子继承王位，主持四季的祭祀。磕头跪拜，心怀敬意，惟恐失礼。

笺牒[1]简要，顾答[2]审详[3]。骸[4]垢[5]想浴，执热愿凉。

【注释】

[1]笺牒：指书信。[2]顾答：回答。[3]审详：准确而详细。[4]骸：身体。[5]垢（gòu）：污垢。

【译文】

书信要写得简明扼要，回答问话要审慎周详。身上脏了就想

293

洗澡，拿着热的东西就希望这个东西快点变凉。

驴骡犊[1]特[2]，骇[3]跃超骧[4]。诛[5]斩贼盗，捕获叛亡。

【注释】

[1]犊：小牛。[2]特：公牛。[3]骇：受惊。[4]骧（xiāng）：指马头昂首，疾奔。[5]诛：诛杀。

【译文】

驴、骡等大小牲口一旦受惊都飞奔乱跑超过马速。律法诛杀盗贼，捕获叛乱分子与亡命之徒。

布[1]射僚[2]丸，嵇[3]琴阮[4]啸。恬[5]笔伦纸，钧[6]巧任[7]钓。

【注释】

[1]布：吕布，三国时人，善射箭。[2]僚：宜僚，善于弹丸。[3]嵇：嵇康，善弹琴咏诗。[4]阮：阮籍，善于吹箫。[5]恬：蒙恬，据说蒙恬开始用兔毫竹管做笔。[6]钧：马钧，指南针的发明者。[7]任：任父，也称任公子，善于垂钓。

【译文】

吕布擅长射箭，宜僚善玩弹丸，嵇康善于弹琴，阮籍善于吹箫。蒙恬制造毛笔，蔡伦改进造纸术，马钧发明水车，任公子善于钓鱼。

释纷利俗，竝皆佳妙。毛[1]施[2]淑[3]姿，工[4]颦[5]妍[6]笑。

294

【注释】

[1]毛：毛嫱。[2]施：西施。[3]淑：美好。[4]工：善。[5]颦：皱眉。[6]妍：美丽。

【译文】

他们或善于解决纠纷，或善于发明创造而有利于社会，世人皆称奇妙。还有美女毛嫱、西施，姿容姣美，皱眉头都好看，笑起来就格外俏丽。

年矢[1]每催，曦晖[2]朗曜。璇玑[3]悬斡[4]，晦魄[5]环照。指薪修祜，永绥[6]吉劭[7]。

【注释】

[1]年矢：比喻时光如箭。[2]羲晖：指阳光。[3]璇玑（xuán jī）：北斗七星中的两颗星，代指北斗星。[4]斡（wò）：旋转。[5]晦魄：月亮。[6]绥（suí）：平安。[7]劭（shào）：美好。

【译文】

光阴似箭，催人向老，太阳的光辉明朗地照耀在空中。北斗七星运转不停，月盈月缺循环照耀。顺应自然，修德积福，永远平安，多么美好。

矩步[1]引领[2]，俯仰廊庙[3]。束带矜庄，徘徊瞻眺[4]。

【注释】

[1]矩步：步法端正。[2]引领：伸长脖子，指抬头向前。[3]廊庙：庙宇。[4]瞻眺：仰望。

【译文】

　　走路稳重，昂首挺胸，举止行动如在庙宇中祭祀一样庄重。衣带穿着整齐，态度端庄，举止从容，高瞻远瞩。

　　孤陋寡闻，愚蒙[1]等诮[2]。谓[3]语助词，焉哉乎也[4]。

【注释】

　　[1]愚蒙：愚昧无知的人。[2]诮：讥讽，嘲笑。[3]谓：称为，说到。[4]焉哉乎也：语气助词。

【译文】

　　孤陋寡闻、学问浅薄、愚蠢蒙昧，会受人讥笑。说到语气助词，那就是焉、哉、乎、也了。

弟子规

　　《弟子规》是中国传统的启蒙教材之一，影响之大、读诵之广，仅次于《三字经》。因为它曾被官府指定为私塾和义学的必读教材，所以自问世以来一直广为流传，影响巨大。书中特别讲求家庭教育与生活教育，给启蒙儿童少年设定一系列行为礼仪与规范，涉及在家、外出、求学、交友等所有日常生活场合，每一条都是中国传统处世哲学和道德观念的生动体现。

　　《弟子规》原名《训蒙文》，作者是清朝康熙年间的秀才李毓秀。后来，清代的贾存仁对它又做了修订和改编，并将书名改为《弟子规》。"弟子"是指一切圣贤人的弟子，"规"字说文解字拆分为"夫、见"两字，意为大丈夫的见解。以《论语》中"学而篇"弟子入则孝，出则悌，谨而信，泛爱众，而亲仁，行有余力，则以学文为中心。依据至圣先师孔子的教诲编写而成，教导学生为人处世的规范，做到与经典同行为友。《弟子规》共有360句、1080个字，以精练的语言对儿童进行早期启蒙教育，灌输儒家文化的精髓，是教育子弟养成忠厚家风的最佳读物。

　　书中具体地告诉我们：应该怎样对父母尽孝心，怎样与兄弟姐妹和睦相处，怎样在长辈面前得体地说话做事，如何培养良好健康的行为习惯、儒雅大方的仪容举止、严谨诚信的生活态度、良好的学习习惯。

　　如今中国的学龄儿童由于自幼娇惯，多少都缺乏为人处世的良好教养，而《弟子规》所包含的深刻理念如孝、悌、谨、信、仁等，是现代中国人所日渐缺失的东西，而其内容是人类应该普遍遵守的行为规范，放之四海而皆准。鉴于此，我们庄重地倡议大家一起来学习和实践《弟子规》吧！

总　序

弟子规[1]，圣人训[2]，首孝悌[3]，次谨[4]信[5]。泛爱众，而亲仁，有余力，则学文[6]。

【注释】

[1]规：准则，规范。[2]训：教导，训导。[3]悌，通"弟"，表示弟弟敬畏兄长。[4]谨：出言慎重。[5]信：诚信。[6]文：文献典籍。

【译文】

《弟子规》这本书，是依据圣贤孔子的教诲编制而成的生活规范。首先，要孝顺父母，兄弟友爱；其次，在生活中谨慎言行，诚而有信。与人相处时要平等博爱，亲近仁德贤人，向他学习。做好了这些，如果还有多余的时间精力，就好好学习，多读书做学问。

入则孝

父母呼，应勿缓[1]，父母命，行勿懒[2]。父母教，须敬听，父母责[3]，须顺承[4]。

【注释】

[1]缓：迟缓。[2]懒：偷懒。[3]责：责备。[4]顺承：顺从地接受。

【译文】

父母呼唤，应及时答应，回答不能迟缓；父母交代的事，当立刻去做，不可拖延偷懒。父母的谆谆教导，应该恭敬地聆听；父母的责备批评，应当虚心接受。

冬则温，夏则凊，晨则省[1]，昏则定。出必告，反[2]必面[3]，居有常，业[4]无变。

【注释】

[1]省：定省，指早晚问候父母。[2]反：通"返"，回来。[3]面：当面禀报。[4]业：职业，做事。

【译文】

侍奉父母要体贴用心，冬天寒冷时，为父母温暖被窝；夏天炎热时，帮父母把床铺扇凉。早晨起来，问候父母早安；晚上就寝，向父母说晚安。外出办事时，要告诉父母去哪里；回家后也要当面禀报，好让父母安心。平时的起居工作，不要随意改变，以免父母担忧。

事虽小，勿擅为[1]；苟擅为，子道[2]亏。物虽小，勿私藏[3]，苟[4]私藏，亲[5]心伤。

【注释】

[1]擅为：擅自做主。[2]子道：做子女的礼仪。[3]私藏：占为己有。[4]苟：假使，如果。[5]亲：父母双亲。

【译文】

事情虽然是小事，也不要擅自做主。如果自作主张，就有失为人子女的本分。东西虽然很小，也不可以私自占为己有。如果私自藏匿，父母一旦知道一定很伤心。

亲所好，力[1]为具[2]；亲所恶，谨[3]为去。身有伤，贻[4]亲忧；德有伤，贻亲羞。

【注释】

[1]力：努力。[2]具：准备，置办。[3]谨：认真。[4]贻（yí）：遗留。

【译文】

父母所喜好的东西，应该尽力去准备齐全；父母所厌恶的事物，要小心谨慎地处理掉。要注意爱护身体，如果身体受到伤害，会让父母担心忧虑；要注意品德修养，如果做出伤风败德的事，会让父母连累蒙羞。

亲爱[1]我，孝[2]何难[3]；亲憎[4]我，孝方贤。

【注释】

[1]爱：喜爱。[2]孝：孝敬，孝顺。[3]何难：没有什么难的。[4]憎：讨厌，不喜欢。

【译文】

当父母喜爱我们的时候，孝顺他们不难；当父母不喜欢我们或管教过严的时候，我们还能自我反省，体会父母心意，努力改过，这样的孝顺行为才是更难能可贵。

亲有过[1]，谏使更[2]，怡吾色，柔吾声。谏不入[3]，悦复谏，号[4]泣随，挞[5]无怨。

【注释】

[1]过：过失，过错。[2]更：改正，改变。[3]入：采纳。[4]号：大声哭泣。[5]挞（tà）：鞭打。

【译文】

父母有过错时，子女应规劝他们改正向善，规劝时态度诚恳，细语柔声，和颜悦色。如果父母不听规劝，要耐心等待，等父母情绪好转或高兴的时候继续再劝。如果父母仍然不接受，纵使哭泣也要恳求父母改过。如果父母生气责打子女，子女也毫无怨言。

亲有疾[1]，药先尝，昼夜侍[2]，不离床。丧三年，常悲咽，居处变[3]，酒肉绝[4]。

【注释】

[1]疾：疾病。[2]侍：服侍。[3]变：改变，变更。[4]绝：戒绝，禁止。

【译文】

父母生病时，煎好的药，子女应当先尝尝，尽心尽力地给予照顾。照料父母要昼夜服侍，不随便离开。父母不幸去世后，守孝的三年期间应时常追思、感谢父母的养育之恩，改变自己的生活起居，一切从简，不贪图享受，不沾酒肉。

丧^[1]尽礼^[2]，祭^[3]尽诚，事^[4]死者，如事生。

【注释】

[1] 丧：办丧事。[2] 礼：礼节。[3] 祭：祭拜，祭祀。[4] 事：对待。

【译文】

办理父母的丧事要合乎礼节，不草率马虎，也不铺张浪费。祭拜时应诚心诚意，对待已经去世的父母应一如他们生前一样恭敬。

出则悌

兄道^[1]友，弟道恭，兄弟睦^[2]，孝在中。财物轻，怨何生，言语忍，忿自泯^[3]。

【注释】

[1]道：指遵行的道德原则。[2]睦：和睦。[3]泯（mǐn）：泯灭，消失。

【译文】

当哥哥姐姐的要友爱弟弟妹妹，当弟妹的要懂得恭敬兄姊。兄弟姊妹之间和睦相处，一家人其乐融融，孝道就体现其中了。彼此把财物看得很轻，怨恨就无从生起。言语能够包容忍让，忿恨之事自然消失。

或饮食，或坐^[1]走^[2]，长者先，幼者后。长呼^[3]人，即代叫^[4]，人不在，己即到。

【注释】

[1]坐：就座。[2]走：行走，走路。[3]呼：呼叫，呼唤。[4]即代叫：就代为呼叫。

【译文】

不论是饮水吃饭，还是坐卧行走，都应该长幼有序，年长者优先，年幼者在后。长辈要是有事叫人，应帮忙代为传唤。如果所叫之人不在，自己应当主动前去，询问自己是否可以帮忙。可以帮就帮，不能帮忙的则代为转告。

称尊长，勿[1]呼名[2]，对尊长，勿见[3]能。路遇长，疾[4]趋揖[5]，长无言，退恭[6]立。

【注释】

[1]勿：不要，不可。[2]呼名：直呼姓名。[3]见：炫耀。[4]疾：跑，疾走。[5]揖：古时的拱手礼。[6]恭：恭敬。

【译文】

称呼长辈，不可直呼姓名；在长辈面前，不可炫耀逞能；路上遇见长辈，应当快步向前问好。长辈没有吩咐时，即可恭敬退后站立而侍。

骑[1]下马，乘[2]下车，过[3]犹[4]待[5]，百步余[6]。

【注释】

[1]骑：骑马。[2]乘：乘车。[3]过：走过。[4]犹：还，还要。[5]待：等待，这里指在原地等待。[6]百步余：大约百余步。

【译文】

不论骑马或乘车，路上遇见长辈，都要下马或下车问候，恭敬等候长者离去，目送约百步之后，才可离开。

长者立[1]，幼[2]勿坐，长者坐，命[3]乃坐。尊长前，声要低，低不闻[4]，却非宜。

【注释】

[1]立：站立，站着。[2]幼：晚辈。[3]命：让，吩咐。[4]闻：听见。

【译文】

如果长辈站着，晚辈也当站着，不可就坐；长辈坐下来之后，叫你坐下才可以坐。与尊长说话，声音一定要放低，若低到让人听不清楚，那也是不适宜的。

进[1]必趋[2]，退[3]必迟[4]；问起[5]对，视勿移[6]。

【注释】

[1]进：向前走。[2]趋：快步走。[3]退：退后，退出。[4]迟：迟缓，缓慢。[5]起：站起来。[6]移：移动，这里指眼神左顾右盼。

【译文】

若有事要见尊长，理应快步向前，见过尊长告退时，行动稍缓才合乎礼节。长辈问话时，必须站起来回答，眼睛不可东张西望、左顾右盼。

事[1]诸父[2]，如[3]事父；事诸兄[4]，如事兄。

【注释】

[1]事：对待。[2]诸父：指伯父和叔父。[3]如：如同，像……一样。[4]诸兄：指同族的兄长，包括堂兄妹、表兄妹。

【译文】

对待叔叔、伯伯等父辈，要如同对待自己的父亲一样恭敬孝顺。对待堂兄表弟，要如同对待自己的胞兄一样尊敬友爱。

谨而信

朝起早，夜眠迟[1]，老易至，惜此时。晨必盥[2]，兼漱口，便溺[3]回，辄[4]净[5]手。

【注释】

[1]迟：晚。[2]盥（guàn）：盥洗。[3]溺：便溺。[4]辄：就，就要。[5]净：洗，洗净。

【译文】

清晨要早起，晚上要迟睡，岁月匆匆，人易老去，要珍惜此时此刻。早晨起床后，要洗脸刷牙、漱口；每次大小便后要洗手，养成良好的卫生习惯。

冠[1]必正，纽必结，袜与履[2]，俱[3]紧切。置冠服，有定位，勿乱顿[4]，致[5]污秽。

306

【注释】

[1]冠：帽子。[2]履：鞋子。[3]俱：都，都要。[4]顿：放置，安放。[5]致：导致，让。

【译文】

帽子要戴正，衣服扣子要扣好，袜子和鞋都要穿齐整，鞋带要注意系紧。脱下来的衣帽鞋袜都要放置在固定的地方，不能随便乱放，以免把衣服弄得又脏又乱。

衣贵洁，不贵华；上循[1]分，下称[2]家。对饮食，勿拣择；食适可，勿过则[3]。

【注释】

[1]循：符合。[2]称：相称。[3]则：准则，标准。

【译文】

穿衣服要注重整洁干净，而不讲究昂贵华丽。穿着打扮要适合自己的身份与场合，还要考虑家中的经济条件。日常饮食要注重营养均衡，不可挑食偏食；一日三餐常吃八分饱，不要过量无限增加身体负担。

年方[1]少，勿饮酒，饮酒醉，最为丑。

【注释】

[1]方：正当，正好是。

【译文】

年龄如果还小，就不要喝酒，否则一旦喝醉，丑态毕露，惹出是非。

步从容[1]，立端正；揖深圆，拜恭敬。勿践阈[2]，勿跛倚[3]；勿箕踞[4]，勿摇髀[5]。

【注释】

[1] 从容：不慌不忙。[2] 阈（yù）：门坎。[3] 跛倚：偏倚，站立不正。[4] 箕踞：蹲或坐时两腿叉开。[5] 髀（bì）：大腿。

【译文】

走路时，步伐从容稳重，不慌不忙；站立时，姿态端正直立，抬头挺胸。作揖鞠躬要弯腰到位，拱手跪拜要认真恭敬，不能敷衍了事。进出门时，脚不踩踏门槛；站立时，身体也不歪歪斜斜。坐的时候不可叉开双腿，也不要抖动腿脚。

缓揭帘，勿有声；宽转弯[1]，勿触棱[2]。执虚[3]器，如执盈[4]；入虚室，如有人。

【注释】

[1] 宽转弯：走路拐弯时要角度大一些。[2] 棱：物体的棱角。[3] 虚：空。[4] 盈：满。

【译文】

揭门帘的动作要轻，以免发出声响。走路转弯时角度要大些，以免撞到物品的棱角而受伤。拿着没装东西的空器具也要像里面装满东西一样，小心谨慎以防跌破。走进没人的房间，如同屋里有人一样谨慎。

事勿忙，忙多错，勿畏难，勿轻略[1]。斗[2]闹场，绝勿近，邪僻[3]事，绝勿问。

【注释】

[1] 略：忽略。[2] 斗：打斗。[3] 邪僻：邪恶荒诞，不正经。

【译文】

做事不要急急忙忙，慌慌张张，忙中容易出错。不要畏难而退缩，也不可草率以应付。凡是容易发生争吵打斗的场所，不轻易接近，免受不良影响；邪恶荒诞的事，也绝不打听。

将入门，问孰[1]存[2]，将上堂，声必扬[3]。人问谁，对[4]以名，吾[5]与我，不分明[6]。

【注释】

[1] 孰：谁，哪一个。[2] 存：在，在家。[3] 扬：高，扩大。[4] 对：回答。[5] 吾：我。[6] 分明：分辨。

【译文】

要进别人家门时，应先问一声：有人在家吗？不要冒失地就进去。进入客厅前应当提高声音，让屋里人知道有人来了。如果屋里的人问是谁时，应该回答自己的名字，而不是"我，是我！"，对方无法分辨"我"究竟是谁。

用人物，须明求[1]，倘[2]不问[3]，即为偷[4]。借人物，及时还，人借物，有勿悭[5]。

309

【注释】

[1] 求：请求。[2] 倘：假如，如果。[3] 不问：不事先征求同意。[4] 偷：偷窃。[5] 悭（qiān）：吝啬。

【译文】

借用别人的东西，要先讲明请求允许。如果没有事先征求同意，擅自拿了去用就是偷窃了。借了别人的东西，应爱惜使用并及时归还。如果别人向你借东西，如果自己有的话就不要吝啬不借。

凡出言，信为先；诈与妄[1]，奚[2]可焉。话说多，不如少；惟[3]其是，勿佞巧[4]。

【注释】

[1] 妄：言辞荒谬。[2] 奚：何，怎么。[3] 惟：只有，只要。[4] 佞（nìng）巧：花言巧语。

【译文】

凡是说出去的话，以诚信为先；至于欺骗蒙混，荒诞胡说，这怎么可以呢？话多不如话少，言多必失；凡事当实话实说，不要花言巧语，巧言令色。

刻薄[1]语，秽污词，市井气，切戒[2]之。

【注释】

[1] 刻薄：尖酸刻薄。[2] 戒：避免。

【译文】

尖酸刻薄的话，下流肮脏的话，以及街头无赖粗俗的习气，

310

切记避免戒除，不去沾染。

见未真[1]，勿轻言[2]，知未的[3]，勿轻传[4]。事非宜，勿轻诺[5]，苟轻诺，进退错。

【注释】

[1]真：事情的真相。[2]言：见解，意见。[3]的：确实。[4]传：传播。[5]诺：承诺，答应。

【译文】

任何事情在没有看到真相之前不要轻易发表意见，事情了解得不够确切时不可轻易传播，以免造成不良后果。不合义理的事不要轻易答应，如果随便应诺，会造成做也是错不做也是错的进退两难之境。

凡道字[1]，重[2]且舒[3]，勿急疾[4]，勿模糊。彼说长，此说短，不关己，莫闲管。

【注释】

[1]道字：说话吐字。[2]重：指发音吐字清晰。[3]舒：流畅。[4]急疾：说话很快。

【译文】

凡是说话时，吐字清晰且流畅，说话时不要讲得太快，也不要含糊不清。这个说东家长，那个说西家短，如果事情与己无关，不多管闲事。

见人善，即思齐[1]，纵去远，以渐跻[2]。见人恶[3]，即内省[4]，有则改，无加警[5]。

【注释】

[1]齐：看齐。[2]跻（jī）：登，上升。[3]恶：缺点，错误。[4]省：反省。[5]警：戒备，警惕。

【译文】

看见别人的优点或善行，要向他学习看齐，纵使和他相差很远，也要逐渐赶上。看见别人的缺点或错误，要自我反省，检讨自己是否也有错误，有则改之，无则加勉。

惟德[1]学，惟才艺[2]，不如人，当自砺[3]。若衣服，若饮食，不如人，勿生戚[4]。

【注释】

[1]德：品行。[2]艺：技艺。[3]砺：激励。[4]戚：发愁，悲伤。

【译文】

只有当自己的品德学问、才能技艺不如别人的时候，应当自我勉励，奋发图强。如果自己的外表穿着不如别人的漂亮，或者自己的饮食不如别人的美味，则不必放在心上，用不着难过自卑。

闻过怒，闻誉乐，损友[1]来，益友却[2]。闻誉恐，闻过欣，直[3]谅[4]士，渐相亲。

【注释】

[1]损友：不好的朋友。[2]却：退却，离去。[3]直：正直。[4]

谅：诚信。

【译文】

　　如果听到别人说自己的缺点就生气，听到别人称赞自己就高兴，那么坏朋友就会来与你交往，真正的良师益友就疏远离去。反之，如果听到他人的称赞没有得意忘形，反觉得惶恐不安，唯恐做得不好，继续努力；当别人批评自己的缺点时非但不生气，还能欣然接受，那么正直诚信的人就会逐渐与你亲近起来。

　　无心非[1]，名[2]为错，有心非，名为恶。过能改，归[3]于无，倘[4]掩饰，增一辜[5]。

【注释】

　　[1]非：过错。[2]名：称作。[3]归：回到。[4]倘：假如。[5]辜：罪过，过错。

【译文】

　　无心之过，称为错，若是明知故犯，为非作歹就是罪恶。犯错要勇于改正，知错能改，错误则慢慢减少。倘若为了面子，死不认错，还去掩饰，那就是错上加错。

泛爱众

　　凡是人，皆须爱，天同覆[1]，地同载[2]。

【注释】

　　[1]覆：遮盖。[2]载：装载。

【译文】

凡是不同类、不同族群、不同人种、不同宗教信仰的人，都须相亲相爱。同是天地所生万物滋长的我们，生活在同一片蓝天下，共享同一个地球。

行高者，名[1]自高，人所重[2]，非貌高[3]。才大者，望自大，人所服[4]，非言大[5]。

【注释】

[1]名：名望，声望。[2]重：看重。[3]貌高：外表相貌漂亮。[4]服：钦佩，佩服。[5]言大：自我吹嘘。

【译文】

德行高尚之人，他的名望自然会高，人们所敬重的是他的品德修养，而不是他的相貌俊美。才学丰富之人，他的声望自然不凡，人们所佩服的是他的真才实学，而不是他的自吹自擂。

己有能，勿自私，人所能，勿轻[1]訾[2]。勿谄[3]富，勿骄贫，勿厌[4]故，勿喜新。

【注释】

[1]轻：轻易，随便。[2]訾：诋毁，怨恨。[3]谄：谄媚。[4]厌：讨厌。

【译文】

自己有才能，不要自私自利，只考虑自己。别人的才华，应当学习，而不要轻易诋毁。不要谄媚讨好富人，也不要对穷人骄横自大。不要喜新厌旧，对老朋友要珍惜，不要只喜欢新认识的朋友或事物。

人不闲 [1]，勿事搅 [2]，人不安 [3]，勿话扰 [4]。

【注释】

[1]闲：空闲，闲暇。[2]搅：打扰，扰乱。[3]不安：指心情烦躁、情绪不安。[4]扰：打搅。

【译文】

人家正在忙碌，不要没事去打扰他。人家心情不安的时候，不要闲话碎语干扰他。

人有短 [1]，切莫揭 [2]，人有私 [3]，切莫说。道 [4] 人善，即是善，人知之，愈 [5] 思勉。

【注释】

[1]短：短处，缺点。[2]揭：揭穿，揭露。[3]私：隐私。[4]道：这里指赞美、称颂。[5]愈：更加。

【译文】

别人的缺点，不要去揭穿；他人的隐私，切忌去张扬。赞美别人的善行，其实就是行善。当对方听到你的称赞，会更加勉励行善的。

扬 [1] 人恶，即是恶，疾 [2] 之甚，祸且作。善相劝 [3]，德

315

皆建，过不规^[4]，道两亏^[5]。

【注释】

[1]扬：宣扬，张扬。[2]疾：憎恨。[3]劝：鼓励。[4]规：规劝。[5]亏：亏损，缺陷。

【译文】

宣扬他人的过失或缺点，就等于做坏事。如果痛斥指责太过分，就会引来灾祸。如果以善相劝，彼此得建良好的品德修养。如果有错不互相规劝，两个人的道德都有缺陷。

凡取与^[1]，贵分晓^[2]，与宜多，取宜少。将加人，先问己，己不欲^[3]，即速已^[4]。

【注释】

[1]与：给予。[2]晓：清楚明白。[3]欲：愿意。[4]已：停止。

【译文】

凡是财物的取得和给予，都要分辨清楚明白，给予别人应多，自己拿取应少。事情要加给别人去做之前，先要反省问问自己愿不愿去做。如果连自己都不愿意，就要立刻停止。

恩^[1]欲报^[2]，怨^[3]欲忘，报怨短，报恩长。

【注释】

[1]恩：恩惠。[2]报：回报，报答。[3]怨：怨恨。

【译文】

对别人的恩惠要记得报答，对别人的怨恨要努力忘记，对别人的怨恨越短越好,至于别人对自己的恩德应感恩在心,长记不忘。

待婢仆，身[1]贵[2]端[3]，虽贵端，慈[4]而宽。势服人，心不然，理服人，方无言[5]。

【注释】

[1]身：指主人自由身。[2]贵：重在。[3]端：端正。[4]慈：仁慈。[5]无言：无话可说。

【译文】

对待家中的婢女与仆人，重在自己品行端正、以身作则。虽然品行端正重要，但仁慈宽大的胸怀更可贵。如果以势欺人，压服别人，人家口服心也不服；唯有以理服人，人家才会心悦诚服，无话可说。

亲 仁

同是人，类不齐，流俗众，仁者希。果[1]仁者，人多畏[2]，言不讳，色不媚[3]。

【注释】

[1]果：果真，真正。[2]畏：敬畏。[3]媚：谄媚。

【译文】

同样是人，但类别不同 ，良莠不齐。世俗之人多，品德高尚者少。真正的仁德之人，人们对他心怀敬畏，因为他说话直言不讳，公正无私，不谄媚讨好他人。

能亲^[1]仁，无限^[2]好，德日进，过日少^[3]。不亲仁，无限害，小人进^[4]，百事坏。

【注释】

[1]亲：亲近。[2]无限：非常。[3]少：减少。[4]进：这里指乘虚而入。

【译文】

能够亲近有仁德的人，真是再好不过，因为会使我们的品德一天天进步，过错也天天减少。不亲近品行高尚之人，就有无限的害处，这样小人就会乘虚而入，什么坏事都做，凡事失败。

余力学文

不力行^[1]，但学文，长浮华，成何人。但力行，不学文，任己见，昧理真。

【注释】

[1]力行：身体力行，努力去做。指前文所说的孝、悌、谨、信、爱、仁。

【译文】

不能身体力行去实践，只是一味读死书，就会增长自己浮华不实的习气，变成不切实际的人，又有何用？如果只是一味去做，而不读书学习，任由自己的偏见行事，事情就会变得真假不辨。

读书法，有三到[1]，心眼口，信皆要。方[2]读此，勿慕彼，此未终[3]，彼勿起。

【注释】

[1]三到：眼到、口到、心到。[2]方：刚，才。[3]终：完，这里指把书读完。

【译文】

读书的方法有三到：眼到、口到、心到。心要记，眼要看，口要读，这三者的确都很重要，这样做才能收到事半功倍的效果。在读这本书的时候，不要又想着其他的书，这样定不下心来。这本书没读完之前，别的书不要起读。

宽为限，紧用功，工夫到，滞塞通[1]。心有疑，随札记[2]，就人问，求确义[3]。

【注释】

[1]滞塞通：指困顿疑惑迎刃而解。[2]札记：做笔记。[3]确义：准确的意义。

【译文】

不妨把读书计划放宽松一些，但实际执行时加紧用功。日积月累工夫深了，自然原先困顿疑惑之处就迎刃而解了。如果求学当中心中有疑问，要随时做好笔记，虚心向人请教，求得准确的意义。

房室清^[1]，墙壁净，几案^[2]洁，笔砚^[3]正。墨磨偏，心不端^[4]，字不敬，心先病。

【注释】

[1]清：清洁，干净。[2]几案：指书桌。[3]笔砚：笔墨纸砚。[4]心不端：指心不在焉。

【译文】

书房要收拾清洁，墙壁要保持干净。读书时，书桌和笔墨纸砚等要放置整齐，井井有条。如果写毛笔字心不在焉，墨就会磨偏了。如果写的字歪歪斜斜，就说明心不在焉，思想不集中。

列典籍，有定处^[1]，读看毕^[2]，还原处。虽有急^[3]，卷^[4]束^[5]齐，有缺坏，就补之。

【注释】

[1]定处：固定的位置。[2]毕：完。[3]急：紧急或紧急的事。[4]卷：卷帙，书本。[5]束：捆绑。

【译文】

书籍课本应分类归放在固定的位置，读诵完毕再放回原处。即便有急事不能看书了，也要把书本整理好再走。如果书本有缺损，就要修补以保持完整。

非圣书，屏勿视，敝聪明，坏心志。勿自暴，勿自弃，圣与贤，可驯致^[1]。

【注释】

　　[1] 驯：逐渐，渐进。

【译文】

　　不是圣贤言行的著作都应该摒弃不看，不好的书使人的智慧受蒙蔽，使人的心志变坏。遇困难或挫折时，不要自暴自弃。圣贤的崇高境界，也是可以通过自己循序渐进地学习而达到的。

弟子规